RHODESIAN RIDGEBACK

von Peter Obschernicat

RHODESIAN RIDGEBACK

(Foto: Marcinowski)

Impressum:

Gestaltung und Satz: Ravenstein + Partner, Verden
Lektorat: Dorothee Dahl

Coverfoto: Marcinowski
Fotos im Innenteil: Marcinowski, Möller, Obschernicat

Druck: Westermann Druck, Zwickau

Deutsche Nationalbibliothek – CIP-Einheitsaufnahme
Die Deutsche Nationalbibliothek verzeichnet diese Publikation in der Deutschen Nationalbibliografie; detaillierte bibliografische Daten sind im Internet über http://dnb.ddb.de abrufbar.

Printed in Germany

ISBN: 978-3-86127-749-1

INHALT

(Foto: Marcinowski)

Ursprung der Rasse

War der Rhodesian Ridgeback vor zehn bis 15 Jahren selbst passionierten Hundehaltern weitgehend unbekannt, so ist seine Popularität heute enorm gestiegen. Die äußere Erscheinung und das stattliche Auftreten, gepaart mit der Eleganz dieser Hunde, mag zu diesem gesteigerten Interesse beitragen, das Wissen und das Verständnis um die Eigenarten dieser recht jungen Rasse ist jedoch immer noch eher gering.

Wie alles begann

Es war später Vormittag, und obwohl die Sonne noch nicht ihren höchsten Stand erreicht hatte, war es bereits unerträglich heiß. Es hatte schon seit einigen Wochen nicht mehr geregnet und die ansonsten grünen Hügel schienen im blassen Gelb des vertrockneten Grases. Hier und da durchbrach das Grün einiger Bäume die gelbe Einöde, die kurzen Schatten versprachen etwas Kühle. Auf dem staubigen Platz hatten sich schon gut zwei Dutzend Leute eingefunden und immer noch kamen weitere, deren Kommen man schon lange vor ihrer Ankunft an den rotbraunen Staubfahnen, die ihre Pferdekutschen hinter sich herzogen, erkennen konnte. Einige waren auch zu Pferd gekommen, sodass ihre Hunde den weiten Weg selbst laufen mussten. Sie zogen sich sofort in den noch so kleinsten Schatten zurück, sobald die Reiter Anstalten machten vom Pferd zu steigen. Andere hatten es da bequemer, sie saßen Ausschau haltend auf der Pritsche, während ihre Besitzer, im besten Anzug, den sie hatten, auf dem Kutschbock den Pferdewagen lenkten oder sich von ihrem farbigen Stallburschen kutschieren ließen. Viele waren in Begleitung ihrer Frauen, die in ihren weißen, hochgeschlossenen Kleidern, den kleinen, spitzenbesetzten Sonnenschirm haltend, zwar schön anzusehen, aber angesichts der Hitze sicherlich nicht zu beneiden waren. Trotzdem ließen sie es sich nicht nehmen, der Einladung von Mr Barnes zu folgen, und nahmen die Gelegenheit wahr, etwas gesellschaftliches Flair in den ansonsten eher tristen Alltag einer kolonialen Kleinstadt in einer abgelegenen Provinz des südlichen Afrikas zu bringen – wenn-

(Foto: Möller)

gleich der Grund des Treffens lediglich die Zusammenkunft einiger einheimischer Hunde war, wie sie fast jeder hier in der Gegend zu Hause hatte.

So oder so ähnlich mögen wir uns das legendäre Treffen von 1922 in Bulawayo vorstellen, das allgemein als die „Geburtsstunde“ des Rhodesian Ridgebacks gilt.

Mr Francis Richard Barnes lebte am Anfang des letzten Jahrhunderts auf einer Farm in der Nähe von Figtree circa 40 Meilen südwestlich von Bulawayo, in der gleichnamigen Provinz des damaligen Rhodesien. Er war begeisterter Anhänger und Liebhaber der „Lion Dogs“ wie die Hunde im südlichen Afrika zu jener Zeit genannt wurden. Bereits 1910 hatte er seinen ersten „Löwenhund“ aus der Zucht von Graham Stacey erworben und soll sogar seine Farm und seine spätere Zuchtstätte „Eskdale“ nach einem seiner Hunde „Eskdale Dingo“ benannt haben.

Sein großes Ziel war es, den Lion Dog als anerkannte Hunderasse zu etablieren und insbesondere die Zuchtziele und damit das zukünftige Erscheinungsbild der Lion Dogs zu definieren. Zu diesem Zweck organisierte er, zusammen mit einigen Gleichgesinnten, wie C. H. Edmonds, eine „Hundeshow“, auf der ein Rassestandard festgelegt und ein Club für die Zucht von Lion Dogs gegründet werden sollte. Ihm war es gelungen, den einzigen südafrikanischen Allgemeinrichter der damaligen Zeit, B. W. Durham, für diese Veranstaltung zu gewinnen. Und tatsächlich – 1922 trafen sich Liebhaber, Halter und Züchter mit ihren Hunden auf Einladung von F. R. Barnes in Bulawayo und gründeten den ersten „Lion Dog Club“, zu dessen Präsidenten Mr Barnes gewählt wurde, der dieses Amt viele Jahre innehatte.

Der erste Standard

Die Formulierung des Standards war ein wesentlich schwierigeres Unterfangen. Zwar wurden auf der Veranstaltung gut 20 Lion Dogs vorgestellt, jedoch war deren Erscheinungsbild äußerst unterschiedlich, und natürlich hielt jeder Besitzer seinen Hund für „den typischen Vertreter“ der neu

Die Hündin Agbani Brown Pearl Fontanesia ist eine typische Vertreterin des heutigen Rassestandards. (Foto: Obschernicat)

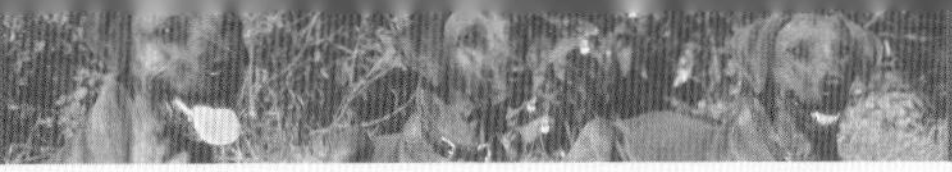

zu begründenden Rasse. Die einzige Gemeinsamkeit der vorgestellten Hunde war wohl die Tatsache, dass sie einen Ridge auf dem Rücken trugen. Hier war es dem Sachverstand von B. W. Durham und seiner Erfahrung und Autorität als Richter zu verdanken, dass nach zwei Tagen ein Standard formuliert war. Als Vorlage für die Erarbeitung wurde kurzerhand der Standard der Dalmatiner, der bereits anerkannt war, herangezogen. Die Festlegung des Exterieurs glich jedoch eher dem Bausatzverfahren und es entstand das Mosaik eines „idealen Lion Dog“.

Einige Jahre später, genau am 04.02.1926, wurde der Lion Dog als erste und lange Zeit einzige Hunderasse des südlichen Afrikas offiziell durch die South Africa Kennel Union (SAKU, der heutigen KUSA, Kennel Union of Southern Africa) anerkannt.

„Eine große Zahl von Besitzern nahm teil und weit mehr als 20 Hunde wurden vorgeführt. Ich selbst war auf Einladung anwesend. Diese Hunde waren Tiere aller Typen und Größen, von etwas, was man als zu klein geratene Dänische Dogge ansehen würde, bis zu einem kleinen Terrier, auch waren alle Farben vorhanden – Rote und Gescheckte vorherrschend. Der Veranstaltungsleiter begrüßte die Anwesenden, und es gab allgemeine Zustimmung dazu, einen Club zu gründen, um die Rasse zu fördern. Mr Barnes bat dann um Vorschläge für den Standard, der festgelegt werden sollte. Die Besitzer äußerten sich nur zögernd, jeder dachte natürlich, sein Hund wäre der korrekte Typ. Schließlich nahm ein Zuschauer mit einiger Kenntnis der Rasse einen Hund und schlug vor, dass diese Größe und Gestalt angenommen werden sollte, wählte dann ein anderes Tier für Kopf und Nacken, ein drittes für Beine und Füße und baute so aus etwa fünf verschiedenen Hunden das zusammen, was er als Ziel ansah. Ein paar Tage später stellte Mr Barnes den Standard zusammen, ein Club wurde gegründet, Mr Barnes' Standard angenommen, und dies – mit einigen späteren Zusätzen und Änderungen – ist der Standard, der bis heute gilt.“
Mit diesen Worten beschrieb B. W. Durham das legendäre Treffen in Bulawayo, wobei er seine eigene federführende Rolle als „Zuschauer mit einiger Fachkenntnis“ bescheiden herunterspielte.

Wenige Wochen nach der Anerkennung, genau am 16.03.1926, lies sich F. R. Barnes mit seinen sechs Lion Dogs unter dem Namen „Eskdale“ als Züchter der neuen Rasse registrieren. In der Folge taten es viele nach, und mancher dieser Zwingernamen ist bis heute berühmt oder hat die Zucht maßgeblich beeinflusst. Jedoch ist es dem Engagement und der Leidenschaft von Leuten wie F. R. Barnes, B. W. Durham und C. H. Edmonds zu verdanken, dass der Rhodesian Ridgeback als Rasse überhaupt existiert.

Das Markenzeichen: Der Ridge

So konkret wie die Geburtsstunde des Rhodesian Ridgeback als Rasse benannt werden kann, so wenig konkret ist das Wissen um ihr rätselhaftes „Markenzeichen“ – den Ridge. Dabei handelt es sich um einen Fellstreifen entlang der Mittellinie des Rückens, wo die Wuchsrichtung der Haare umgekehrt, sprich von hinten nach vorn, gerichtet ist. Die Beschaffenheit der Haare in diesem Bereich unterscheidet sich leicht von denen des übrigen Haarkleides. Entlang der Verwerfungslinien richten sich die Haare etwas auf, wodurch der Eindruck eines „Rückenkamms“ entsteht. Daraus leitet sich auch der Name „Pronkrug“ ab (burisch: pronk = prunken oder prahlen und rug = Rücken). Prahlrücken oder Prunkrücken wurden auch die Vorfahren des Rhodesian Ridgebacks vor der Standarderstellung zu Barnes' Zeiten genannt. Bis heute konnte dem Rückenkamm weder eine Funktion noch ein Selektionsvorteil (zumindest bis vor dem züchterischen Eingriff des Menschen) zugeordnet werden. Der Ridge wird bis dato als spontane Mutation, als „Laune der Natur“ angesehen. Gesichert scheint jedoch, dass die phänotypische Ausbildung eines Rückenkamms auf lediglich ein Gen, das autosomal-dominant vererbt wird, zurückzuführen ist. Ungeklärt dagegen ist, wann und wo diese Mutation erstmals aufgetreten ist.

Es wäre sicherlich vermessen, das Phänomen des Rückenkamms mit dem Ridge des heutigen Rhodesian Ridgeback gleichzusetzen, sodass in diesem Zusammenhang besser von „Hunden mit Rückenkamm“ gesprochen werden sollte.

Die Existenz von Hunden mit einem Rückenkamm reicht nachweislich sehr weit in die Vergangenheit zurück, lange bevor der Mensch dieses Merkmal züchterisch schätzen lernte. Bereits bei den Ägyptern sind auf zahlreichen Abbildungen Hunde mit einer seltsamen Haarformation auf dem Rücken zu erkennen und auch bei einigen Mumienfunden von Hunden lassen sich rückenkammähnliche Gebilde erahnen.

Die erste schriftliche Erwähnung von Hunden mit Rückenkamm findet sich 1480, als portugiesische Afrikareisende einen kleinen (circa 45–50 Zentimeter), hässlichen, hyänenähnlichen Hund mit einer seltsamen Haarbildung auf dem Rücken, bei der sich die Haare nach vorn neigten, als einziges Haustier der Ureinwohner beschrieben. Sie befanden diese Hunde als überaus treu und brauchbar, bemängelten jedoch deren „fürchterliches Temperament“.

Vom Hund der Ureinwohner zum „Lion Dog"

1652 erreichten die ersten weißen Siedler das Kap, und auch sie berichteten von den Hunden mit dem seltsamen Rückenkamm. Insbesondere bewunderten sie deren Mut gegenüber Raubtieren und schnell stellten sie fest, dass diese Hunde unter den dortigen Umweltverhältnissen den aus Europa mitgebrachten Hunden weit überlegen waren. So übernahmen sie diese Hunde von den „Koikhoi", wie sich die Ureinwohner selbst nannten, und nutzten sie als aufmerksame und furchtlose Wächter von Hof und Vieh, als treue Begleiter und als wendige und ausdauernde Jagdgehilfen.

Durch Vermischung und bewusste Kreuzung von Koikhoi-Hunden mit den aus Europa mitgebrachten Hunden entstand ein „südafrikanischer Hund der weißen Siedler", der ähnlich zäh und ausdauernd wie die ursprünglichen Koikhoi-Hunde, jedoch wesentlich größer war. Diese Hunde waren im Aussehen sehr uneinheitlich, meist jedoch einfarbig rotbraun oder braun gestromt, teils braun-weiß gescheckt, im Fell glatt oder rauhaarig, je nachdem, welche Rassen- beziehungsweise Kreuzungstiere zueinanderfanden oder bewusst als Elterntiere ausgesucht wurden. Die Nachkommen waren eher zufälliger Natur oder Produkte dessen, was man hatte, doch viele von ihnen besaßen einen Rückenkamm. Wir nehmen aber an, dass die Siedler der damaligen Zeit, egal ob portugiesischer, britischer oder besonders häufig niederländischer Herkunft, dieser Laune der Natur nur wenig Beachtung beimaßen – für sie zählte einzig und allein die Brauchbarkeit dieser Hunde im Alltag.

In der Folge drangen die kolonialen Siedler aus den ursprünglichen Siedlungsgebieten der Kapregion und entlang der Küstenlinien immer weiter nach Osten und Nordosten ins Hinterland vor. Ihre Hunde zogen mit ihnen. Besonders starke Verbreitung erfuhr diese „Hunderasse", als niederländischstämmige Buren, vor der britischen Krone fliehend und ihrem Unabhängigkeitswillen folgend, im „großen Treck" von 1836–1844 weit nach Norden und Nordosten in die Region des heutigen Pretoria bis in das südliche Simbabwe zogen. Abbildungen von „Verkeerdehaar"-Hunden (was so viel bedeutet wie „Haare verkehrt herum"), wie diese die Buren auf ihrem großen Treck begleiteten, sind auf dem großen Wandrelief im „Voortrekker Museum" in Pretoria zu sehen. Sie belegen die Wertschätzung der Siedler für ihre Hunde.

1879 brachte der Missionar Charles Helm zwei solcher Ridge-Hunde namens Lorna und Powder aus Swellendam in der Kapregion nach Matabeleland in Südrhodesien, dem heutigen Simbabwe. Er gründete und leitete dort eine Missionsstation in der unmittelbaren Nähe des späteren Bulawayo und beherbergte häufig Reisende und reiche ausländische „Gäste", die auf der Suche nach Abenteuern und zur Jagd auf Löwen, Büffel und Elefanten gegen Ende des 19. Jahrhunderts zahlreich in das geheimnisvolle Afrika gelockt wurden. Begleitet und geführt

Auch heute noch tragen Rhodesian Ridgebacks typische afrikanische Namen wie Vizara, Gani Gaja, Shangani Boma Bianca und Singita Anza Jaha. (Foto: Möller)

wurden diese „frühen Safaritouristen“ von erfahrenen und ortskundigen Großwildjägern, deren Ruhm zur damaligen Zeit mit dem von heutigen Popstars und Schauspielern zu vergleichen ist. So wurde auch der legendäre Großwildjäger Cornelius van Rooyen auf die ridgetragenden Hunde des Missionars aufmerksam. Kurzerhand lieh er sich diese Hunde zur Jagd aus, und weil er sie für „bestens geeignet für die Großwildjagd“ befand, übernahm er fortan ridgetragende Hunde als Zuchttiere und für seine bislang „europäisch geprägte“ Jagdmeute.

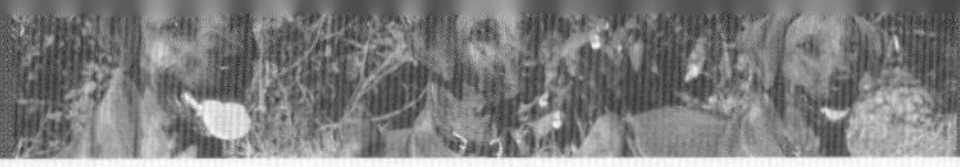

Insbesondere bei der Jagd auf Großkatzen, zumeist Löwen, erwiesen sich diese Hunde als äußerst geschickte und wendige Jäger. Dabei war es nie ihre Aufgabe mit Großkatzen zu kämpfen, sondern vielmehr das Wild aufzuspüren, in der Meute zu stellen und durch Umkreisen und Scheinangriffe so lange zu beschäftigen und an der Flucht zu hindern, bis der Jäger herbeieilen und die Katze durch den Schuss erlegen konnte. Hunde, die nicht wendig oder vorsichtig genug waren, den Pranken der Raubkatzen auszuweichen, überlebten nicht. Dabei war der Verschleiß in van Rooyens Meute aus heutiger Sicht unerträglich hoch – von mehreren Dutzend Hunden pro Saison wird berichtet. Diese harte Selektion wirkte sich auf das Aussehen der Hunde aus und führte zu Charakterzügen, die sich bis heute erhalten haben.

Cornelius van Rooyen züchtete diese ridgetragenden „Lion Dogs" oder „Van-Rooyen-Dogs", wie sie auch genannt wurden, über einen Zeitraum von 35 Jahren und kreuzte sie mit verschiedenen europäischen Jagdhundrassen. Genaue Aufzeichnungen hierüber sind leider nicht überliefert, aber es wird angenommen, dass neben Doggen auch Bloodhounds, Pointer und Retriever zum modernen Rhodesian Ridgeback beigetragen haben.

Viele Geschichten und Legenden über den außergewöhnlichen Mut und die Treue der Lion Dogs stammen aus jener Zeit, und C. van Rooyen verstand es, dem Verlangen der kolonialen Weltöffentlichkeit nach einem geheimnisvollen, wilden Afrika in einer Zeit großer Entdecker, Abenteurer und Großwildjäger nicht zuletzt mit seinen Hunden zu entsprechen. C. van Rooyen verkaufte und verschenkte viele Hunde an andere Jäger und Züchter. So auch an Graham Stacey, der auf einer Farm in der Nähe von Bulawayo lebte und von dem Francis Richard Barnes 1910 seinen ersten „Löwenhund" erwarb.

Weltweite Verbreitung und Zucht heute

Sicherlich wurden schon zu van Rooyens Zeiten Löwenhunde an Jagdgäste, bekannte Großwildjäger und „Safaritouristen" verschenkt oder verkauft, die diese Tiere mit in ihre Heimatländer nahmen, jedoch lässt sich dies bis dato nicht belegen. Der erste nachgewiesene Export erfolgte 1914, als ein Löwenhund namens Cuff nach Großbritannien gelangte und auf der Ausstellung im Crystal Palace als „exotic dog" vorgestellt wurde, wo er die Besucher in Erstaunen versetzte.

1927 wurde ein zweiter Rhodesian Ridgeback von Mrs John Player nach Großbritannien importiert. Sie holte 1932 zwei weitere Rhodesian Ridgebacks namens Lobenguela und Junom aus Südafrika, womit die Zucht des Rhodesian Ridgeback in England begann.

In den Dreißiger- und Vierzigerjahren verbreitete sich die gezielte und planmäßige Ridgeback-Zucht im gesamten südlichen Afrika. Viele bedeutende Zuchtstätten, wie „Leo Kop", „De

Neun bis zwölf Welpen pro Wurf sind bei Ridgeback die Regel, manchmal auch 15 und mehr, auf dem Foto Chiye Japha Dikiti mit ihren Welpen. (Foto: Obschernicat)

Holi“ oder „Inkabusi“ wurden in jener Zeit gegründet. Aber erst nach dem Zweiten Weltkrieg erfuhr die Ridgeback-Zucht ihre richtige Blütezeit. So entstanden in den Fünfzigerjahren viele berühmte Zuchtstätten, wie „Isimangamanga“, „Maxwood“, „Mpani“ oder „Glenaholm“, in den Sechzigern „Mushana“ und später, Mitte der Siebzigerjahre, „Shangara“, deren Namen jedem engagierten Ridgeback-Freund vertraut sind und sich auch heute noch in vielen Ahnentafeln finden lassen.

Zeitgleich mit den gravierenden Umwälzungen im südlichen Afrika seit Beginn der Siebzigerjahre, den Autonomiebestrebungen, der Souveränität vieler ehemaliger Provinzen des britischen Commonwealth und der politischen Machtübernahme durch die farbige Bevölkerung verlagerte sich der Schwerpunkt der Ridgeback-Zucht mehr und mehr in die von Apartheid gezeichnete Republik Südafrika. Im eigentlichen „Mutterland“, dem ehemaligen Rhodesien, das zwischenzeitlich, nach vielen politischen Wirren, in die heutigen Staaten

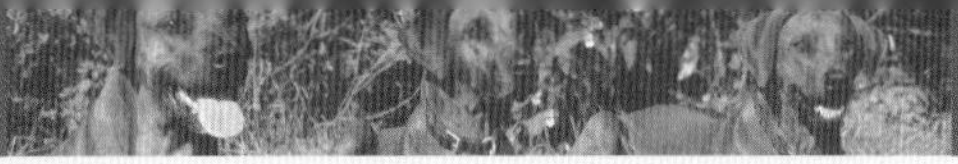

Malawi, Sambia und Simbabwe zerfallen war, nahm die Bedeutung der Ridgeback-Zucht dagegen deutlich ab. Insbesondere in Simbabwe, dem ehemaligen Südrhodesien, galt der Ridgeback und dessen Zucht als „Hunde der einstigen weißen Machthaber“ und war gleichermaßen unbeliebt. Viele Weiße verließen das Land, und mit der Enteignung der weißen Farmer im Rahmen der Bodenreform wurde vielen alteingesessenen Zuchtstätten und deren Besitzern die Lebensgrundlage entzogen. Das große Sterben der Ridgeback-Zucht in der eigenen Heimat begann, und die ursprüngliche Population von mehreren tausend Tieren schrumpfte in wenigen Jahren auf einige hundert. Es kursieren grausame Geschichten, von Besitzern, die ihre eigenen Hunde vor dem Verlassen ihrer Farm erschossen haben, von groß angelegten „Vermittlungs- und Rettungsaktionen“ ins Ausland und von allein zurückgelassenen Hunden, deren Schicksal man nur erahnen kann.

Vieles mag erfunden und übertrieben sein; Fakt jedoch ist, dass das heutige Simbabwe zwar weiterhin den „Parent-Club“ beheimatet, aber in der Zucht von Rhodesian Ridgebacks nur noch eine untergeordnete Rolle spielt. Außerhalb von Afrika war der Ridgeback bis in die Siebzigerjahre nur wenig bekannt. Nur Großbritannien und die Niederlande machten hier, bedingt durch die traditionell enge Bindung mit Südafrika, eine Ausnahme. Zwar wurden hie und da immer wieder einzelne Tiere für Liebhaber und Züchter nach Europa und Übersee exportiert, außerafrikanische Würfe waren jedoch eher selten. Erst in den frühen Fünfzigerjahren wurden drei Hunde aus dem Kennel „De Holi“ von Major Hawley aus Südafrika nach Nordamerika exportiert. Mit ihnen begannen Bill und Sada O’Brien unter dem Kennelnamen „Redhouse“ in Boston die Ridgeback-Zucht in den USA. In Australien wurde mit der Zucht von Ridgebacks in den Sechzigerjahren begonnen, wobei einzelne Hunde schon sehr viel früher nach „Down under“ gelangten. In Neuseeland und Skandinavien etablierte sich die Ridgeback-Zucht in den Siebzigern, in Finnland sogar erst in den Achtzigerjahren.

Auf dem europäischen Kontinent war der Rhodesian Ridgeback lange ein Exot, galt als Geheimtipp und wurde vor allem von Südafrikafahrern, Tierärzten und Adeligen gehalten. Nach Deutschland gelangten die ersten Exemplare nachweislich Mitte der Fünfzigerjahre. Einer der ersten Ridgebacks hierzulande war „Rhodus of Leo Kop“ von Rosy Brook-Risse, die den von Mabel Wellings in dem Kennel „Leo Kop“ gezogenen Rüden 1954 einführte.

Die ersten in Deutschland gezogenen Rhodesian-Ridgeback-Welpen ließen jedoch noch lange auf sich warten und wurden vermutlich erst gut zehn Jahre später geboren.

Wann und wo und, für einige Leute besonders wichtig, bei welchem „Züchter“ der erste Wurf in Deutschland tatsächlich gefallen ist – hierzu gibt es leider sehr widersprüchliche Angaben und die Recherchen gestalten sich recht schwierig, da selbst offiziell im VDH gefallene Würfe zu jener Zeit in den unterschiedlichsten Zuchtbüchern beziehungsweise im Sammelzuchtbuch des VDH registriert wurden. Ein eigenes Zuchtbuch für

Rhodesian Ridgebacks existierte noch nicht, ein Verein mit dem Ziel der Rassebetreuung war noch in weiter Ferne.

Trotzdem lassen sich Ridgeback-Würfe in Deutschland bis in die Sechzigerjahre zurückverfolgen, und als Pioniere der deutschen Ridgeback-Zucht müssen Carl-Ludwig von Geibler mit seiner Zuchtstätte „Aus dem Skaaprevier" und Rosy Brook-Risse mit ihrer Zuchtstätte „Johokwe" benannt werden. Als 1976 der erste Verein mit dem Namen „Rhodesian Ridgeback Club Deutschland e.V.", kurz RRCD, gegründet wurde, waren bereits gut ein Dutzend Würfe in Deutschland gefallen. Unter anderem auch in der Zuchtstätte „Umvuma" von Anne Müller, deren Hündin 1974 ihren ersten Wurf hatte und von da an großen Einfluss auf die deutsche Ridgeback-Zucht nahm. In der Folge kamen viele Zuchtstätten hinzu, deren Namen vielen auch heute noch geläufig sind, während andere in Vergessenheit gerieten. Jedoch war all diesen Züchtern eines gemein: Sie züchteten Exoten, die kaum jemand haben wollte.

Bis Ende der Siebzigerjahre ein seltenes Bild in Deutschland. (Foto: Obeschernicat)

Wenn bis vor wenigen Jahren Ridgeback-Halter daran gewöhnt waren, regelmäßig bei Spaziergängen auf ihren ungewöhnlichen Hund mit dem „seltsamen Streifen auf dem Rücken" von Passanten angesprochen zu werden, und selbst bei passionierten Hundehaltern Begriffe wie „Ridge, Box und Crowns" wenig bekannt waren, so hat sich dies in den letzten Jahren grundlegend gewandelt.

Popularität und der Bekanntheitsgrad des Rhodesian Ridgebacks sind seit Mitte der 90er-Jahre sehr stark gestiegen. Heute hören Ridgeback-Halter bei Spaziergängen eher Sätze wie: „Oh, ein Ridgeback!", „Ist dies ein echter Ridgeback?" Oder: „Ein Ridgeback – die haben doch Löwen getötet, oder?" Dieses gesteigerte Interesse spiegelt sich auch im Zuchtgeschehen wider – nicht immer zum Vorteil der Rasse.

Die Zahl der im VDH organisierten Züchter ist besonders in den letzten fünf Jahren auf etwa 250 angestiegen, und mittlerweile sind gleich drei rassebetreuende Vereine im VDH registriert: der „Rhodesian Ridgeback Club Deutschland“, kurz RRCD, der „Club zur Erhaltung der Laufhunde des Südlichen Afrika“, kurz ELSA, und die „Deutsche Züchtergemeinschaft Rhodesian Ridgeback“, kurz DZRR. Die DZRR, obwohl der jüngste der drei im VDH registrierten Vereine, hat sich dabei als der größte Verein, mit gut 150 Zuchtstätten und knapp 90 Deckrüden, etabliert. Jährlich werden im VDH etwa 60 bis 80 Würfe gezogen, wobei auch hier der Löwenanteil bei der DZRR liegt.

Dass der Rhodesian Ridgeback heute in unserem Straßenbild doch regelmäßig anzutreffen ist, liegt nicht zuletzt an der sehr großen Zahl von Welpen, die außerhalb des VDH gezogen werden, der sogenannten Dissidentzucht. Hierbei handelt es

Auch eine ganze Gruppe Rhodesian Ridgebacks sieht man hier nicht oft. (Foto:Marcinowski)

Offiziell im VDH gezogene
Rhodesian Ridgeback-Welpen:

	Insgesamt	davon in der DZRR
1998	644	437
1999	662	435
2000	620	406
2001	501	399
2002	649	487
2003	565	486
2004	691	535
2005	733	476
2006	734	558
2007	891	624
2008	890	623
2009	1009	738

(Foto:Marcinowski)

Zum Vergleich: Im Zuchtjahr 1999/2000 wurden in Südafrika lediglich 365 Rhodesian-Ridgeback-Welpen bei der KUSA registriert.

sich um Welpen, die von „Züchtern“ ohne jegliche Vereins-/Verbandzugehörigkeit gezogen wurden oder die in Zuchtstätten geboren wurden, deren Besitzer in einem nicht FCI-VDH-anerkannten Verein oder Verband registriert sind. Wie viele derartige „Züchter“ es in Deutschland tatsächlich gibt, ist unbekannt, jedoch übersteigt sie derer im VDH bei Weitem, und auch die Zahl so gezogener Welpen dürfte nach vorsichtigen Schätzungen doppelt so hoch sein wie im VDH und steigt stetig an. Bedauerlicherweise lassen sich hierbei doch Tendenzen zum Modehund erkennen.

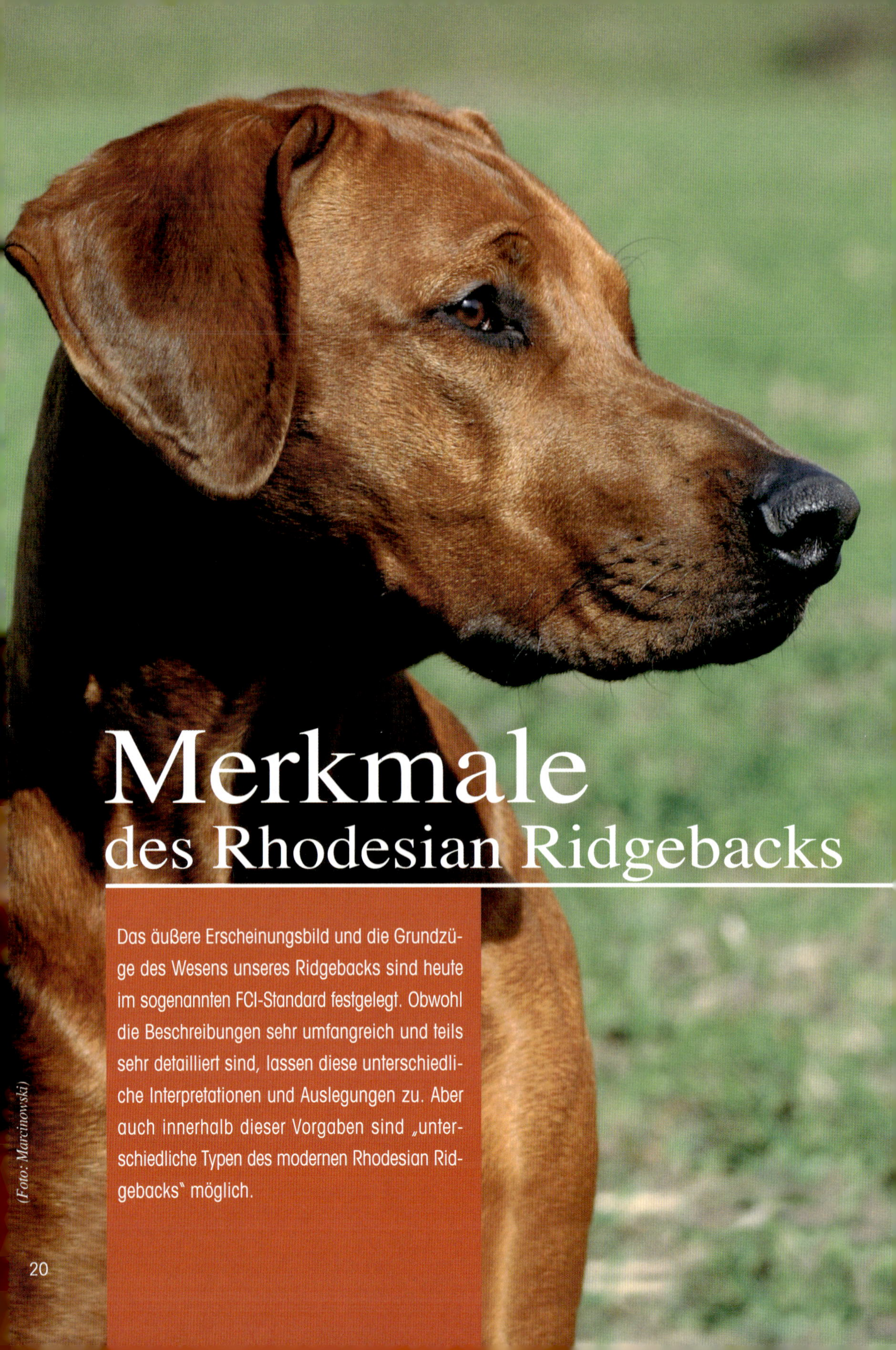

(Foto: Marcinowski)

Merkmale
des Rhodesian Ridgebacks

Das äußere Erscheinungsbild und die Grundzüge des Wesens unseres Ridgebacks sind heute im sogenannten FCI-Standard festgelegt. Obwohl die Beschreibungen sehr umfangreich und teils sehr detailliert sind, lassen diese unterschiedliche Interpretationen und Auslegungen zu. Aber auch innerhalb dieser Vorgaben sind „unterschiedliche Typen des modernen Rhodesian Ridgebacks“ möglich.

Heute zählt der Rhodesian Ridgeback zur FCI-Gruppe 6, den „Lauf- und Schweißhunden“, war jedoch ursprünglich den „Gun-dogs“ in der Gruppe 8, den Apportier-, Stöber- und Wasserhunden zugeordnet. Dass diese Umgruppierung gerechtfertigt war, wird sicherlich jeder Ridgeback-Halter, der die Apportierfreude und Wasserliebe seines Ridgebacks kennt, nur unterstreichen.

Der Rassestandard beschreibt einen „ansehnlichen, kräftigen, muskulösen Hund“ von „einheitlich Hellweizenfarben bis Rotweizenfarben, wobei kleine weiße Abzeichen an der Brust und an den Zehen statthaft sind sowie Fang und Ohren dunkel sein dürfen“ (sogenannte Maske). Das Haarkleid soll „kurz und dicht“, „niemals wollig oder seidig“ sein. Die Beschreibung des Körperbaus und der Bewegung entspricht der eines „knochenstarken“ und „ausdauernden“ Laufhundes.

Das Wesen wird als „erhaben, intelligent, Fremden gegenüber reserviert, jedoch ohne Anzeichen von Angriffslust oder Scheu“ beschrieben.

Das Markenzeichen der Rasse ist der Ridge. Dieser wird im Standard sehr detailliert beschrieben, und die strengen Vorgaben lassen nur wenig Raum für eine Standardauslegung.

Der Ridge besteht aus „Box“, „Crowns“ und dem eigentlichen „Ridge“. Dieser soll in Höhe der Schulterblätter beginnen und in einem sich kontinuierlich verjüngenden Streifen bis zur Höhe der Hüfthöcker reichen, wobei das hintere Ende spitz zuläuft und die maximale Breite von 5 Zentimeter nicht überschritten werden soll. Am vorderen Ende befindet sich die sogenannte Box. Sie besteht idealerweise aus einem halbkreisförmigen, gleichmäßig geschwungenen Bogen (dem „Arche“), wobei auch rechteckige Formen, gewellte und asymmetrische Bögen zugelassen sind. Die Größe der Box darf jedoch nicht mehr als ein Drittel der gesamten Ridgelänge betragen. Zwischen der Box und dem Ridge, genau da, wo die äußeren Linien beider zusammentreffen, müssen sich zwei Crowns befinden. Diese bestehen aus je einem geschlossenen Haarwirbel und sollen

Der Ridge – Rassemerkmal und Fehlerquelle Nr.1. (Foto: Obschernicat)

einander exakt parallel gegenüberliegen. Sofern die Crowns einander nicht exakt parallel gegenüberliegen, darf die Abweichung maximal Bleistiftstärke, sprich weniger als 1 Zentimeter, betragen. Finden sich mehr als diese zwei Crowns im Bereich des gesamten Ridge, so gilt dies, genau wie weniger als zwei Wirbel, als schwerer Standardfehler und führt zum Zuchtausschluss. „Ridgefehler" gehören zu den häufigsten zuchtausschließenden Fehlern, sind jedoch für erfahrene Züchter und Zuchtwarte sehr früh, meist schon bei der Geburt, zu erkennen.

Nur selten kommt es vor, dass sich Ridgefehler bei einem Welpen erst später auswachsen oder nachträglich entstehen – zumeist sind diese Tiere von Geburt an Wackelkandidaten.

Die Vorgaben für Größe lauten: „Gewünschte Widerristhöhe für Rüden: 63 cm bis 69 cm, für Hündinnen: 61 cm bis 66 cm." Diese Angaben sind ungewöhnlich weit gefächert und lassen viel Raum für unterschiedlich große Hunde auch innerhalb des Standards. In diesem Punkt „Größe" mögen, neben der „Farbfrage", die Unterschiede zwischen den Einzeltieren und verschiedenen Zuchtlinien des mittlerweile recht homogen gezogenen „modernen Rhodesian Ridgebacks" am größten und auch am offensichtlichsten sein. Die Frage nach der „wahren Größe" des Ridgebacks gibt dabei immer wieder unter Züchtern und Ausstellern Anlass für heftige Diskussionen.

Vielfach wird der Ruf nach den Ursprüngen und „dem Zurück zum original afrikanischen Typ" laut. Dabei lässt sich die Frage, ob eher das obere oder das untere Ende der Größenvorgaben dem ursprünglichen Ridgeback entspricht, sehr einfach beantworten, wenn man sich der Worte von B. W. Durham entsinnt: „Diese Hunde waren Tiere aller Typen und Größen von etwas, was man als zu klein geratene Dänische Dogge ansehen würde, bis zu einem kleinen Terrier ..."

Betrachtet man den Originalstandard von 1922, so findet man als Angabe für die Widerristhöhe „up to 28 inches" – dies entspricht mehr als 71 Zentimeter. Interessant dabei ist die Tatsache, dass weder eine Mindestgröße angegeben wurde noch geschlechtsspezifische Unterschiede bezüglich der Größe gemacht wurden.

Getrost darf man annehmen, dass die Urväter der Rasse die Obergrenze nicht bei 28 Inches festgelegt hätten, wenn es nicht bereits damals Tiere gegeben hätte, die deutlich größer waren. Andererseits befanden sie alle Tiere bis zu einer Größe von gut 71 Zentimeter für standardgemäß, und zwar für beide Geschlechter, Hündinnen und Rüden gleichermaßen. Selbstverständlich schließt dies auch die kleineren Vertreter der Rasse mit ein. Erst 1931 wurde die unterschiedliche Größenregelung für Hündinnen und Rüden eingeführt und sowohl ein Mindest- sowie ein Höchstmaß für jedes Geschlecht festgelegt. Zeitgleich wurde die Obergrenze für Rüden auf 27 Inches reduziert. Beachtenswert ist dabei der Zusatz „gewünschte Widerristhöhe". Demnach scheinen Abweichungen nach oben oder unten möglich zu sein, auch wenn dies nicht erwünscht ist.Vielleicht sollte man einfach akzeptieren, dass es schon immer große und kleine Rhodesian Ridgebacks gab. Für die Ober- und Untergrenzen bestehen klar definierte Wunschziele, alle Größen innerhalb dieser Grenzen entsprechen gleichermaßen dem Standard und sind demnach typisch für den Ridgeback. Die Frage nach der wahren Größe erübrigt sich damit und ist, wie sicherlich bereits zu Barnes Zeiten, eine reine Geschmacksfrage.

In jedem Fall sollte man sich darüber im Klaren sein, dass ein Rhodesian Ridgeback, gemessen an vielen anderen Rassen, ein großer Hund ist. Selbst standardgerechte Tiere weisen eine Schulterhöhe von 60 bis 70 Zentimetern auf. Bei Rüden sind sogar Übergrößen jenseits der 70 Zentimeter möglich und gar nicht so selten, eine Tatsache, die man bei der Anschaffung bedenken sollte.

So vehement die Interpretation der Größenvorgaben im Standard diskutiert werden, so großzügig erfolgt die Auslegung des Standards bezüglich der Gewichtsvorgaben: für „Rüden: etwa 36,5 kg", für „Hündinnen: etwa 32,0 kg". Nur selten werden diese von unseren Ridgebacks tatsächlich erfüllt, und selbst für kleine bis mittelgroße Vertreter der Rasse sind die angegebenen Gewichte sehr gering. In der heutigen Praxis werden die Gewichtsvorgaben häufig um 5 bis 15 Kilogramm übertroffen, wobei der einzelne Hund nicht einmal ein wohlbeleibter Vertreter seiner Rasse sein muss. Nur selten erfüllt ein Ridgeback alle Vorgaben bezüglich Größe und Gewicht bei geforderter Knochenstärke und Bemuskelung und vereint diese zu einem eleganten, aber kräftigen und stattlichen Äußeren. Dementsprechend weit ist das Erscheinungsbild gefächert und reicht von hyperelegant bis zu muskelstrotzend kräftig, von windhundähnlich zierlich bis doggenähnlich groß. Beide Extreme sind gleichermaßen standardwidrig, wobei der Zwischenbereich genügend Raum für die persönlichen Vorlieben lässt – wichtig dabei ist nur, dass sich das Gesamtbild des Hundes stimmig und harmonisch zusammenfügt und weder die Eleganz noch die Knochenstärke oder die Bemuskelung verloren gehen.

Sam Wallace, lange Zeit Präsident des Parent Club in Simbabwe, brachte es 2003 in langen Gesprächen am Rande einer Ausstellung, zu der er als Richter geladen war, auf den Punkt: „Der Ridgeback ist weder Marathonläufer noch Sumoringer, er ist der geborene Zehnkämpfer, kraftvoll, athletisch, ausdauernd und doch schnell."

Ähnlich kontrovers wie die Größenfrage wird die Fellfarbe des Ridgebacks diskutiert. Der Standard gibt heute „hell weizenfarben bis rot weizenfarben" vor, jedoch wurde diese Festlegung erst in den 40er-Jahren getroffen. Im Originalstandard von 1922 waren „gestromt, rehfarben, zobelfarben, einfarbig oder gemischt mit Weiß" erlaubt. Diese Vielfalt deckt sich mit der bereits zitierten Beschreibung von B. W. Durham: „... auch waren alle Farben vorhanden – Rote und Gescheckte vorherrschend." Offensichtlich war den Urvätern der Rasse die Fellfarbe ihrer Hunde ziemlich egal. Sie wurde eher durch Zufall oder als notwendige Anpassung an die Tarnung eines Jägers an vertrocknete Graslandschaften oder vegetationsarme, roterdige Steppenlandschaften bestimmt.

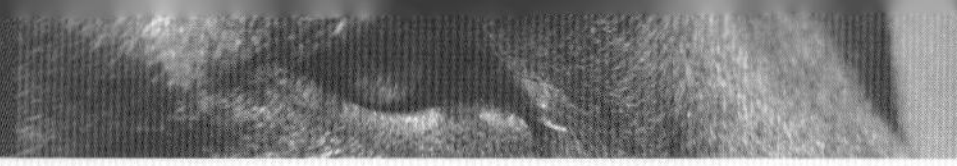

FCI-Rassestandard Nr. 146 vom10.12.1996

Übersetzung: J. Eberhardt

Ursprung: Südliches Afrika. Standard erstellt von der Kennel Union des Südlichen Afrika und dem „Simbabwe Kennel Club". Publikation des gültigen Originalstandards 10.12.1996.

Verwendung: Der Rhodesian Ridgeback wird noch immer zur Jagd von Wild in vielen Teilen der Welt verwendet, wird aber besonders geschätzt als Wachhund und Familienmitglied.

Klassifikation: FCI-Gruppe 6: Laufhunde, Schweißhunde und verwandte Rassen. Sektion 3: verwandte Rassen. Ohne Arbeitsprüfung.

Kurzer geschichtlicher Abriss: Der Rhodesian Ridgeback ist gegenwärtig die einzige anerkannte Rasse, die aus dem südlichen Afrika stammt. Seine Ahnen können zurückverfolgt werden zur Kapkolonie, wo sie sich sowohl mit den Hunden der frühen Pioniere vermischten als auch mit den halb domestizierten Hottentottenhunden, die einen Rückenkamm hatten. Meist in Gruppen von zwei oder drei Hunden jagend, war die ursprüngliche Aufgabe des Rhodesian Ridgebacks, Großwild, hauptsächlich Löwen, aufzuspüren und mit großer Behändigkeit am Stand zu halten, bis der Jäger herangekommen war. Der Originalstandard, von F. R. Barnes 1922 in Bulawayo, Rhodesien, aufgestellt, gründete auf dem Dalmatinerstandard und wurde von der Kennel Union des südlichen Afrikas 1926 anerkannt.

Allgemeines Erscheinungsbild: Der Rhodesian Ridgeback sollte einen ausgewogen gebauten, starken, muskulösen, wendigen und aktiven Hund darstellen, symmetrisch im Profil und bei mittlerer Geschwindigkeit äußerst ausdauernd. Das Hauptaugenmerk ist auf Beweglichkeit, Eleganz und funktionale Gesundheit ohne irgendwelche Tendenzen zu einer massiven Erscheinung zu legen. Die Besonderheit der Rasse ist der Rückenkamm („Ridge"), der dadurch entsteht, dass die Haare in Gegenrichtung zu der am übrigen Körper wachsen. Der Rückenkamm ist das Wappenzeichen der Rasse. Der Rückenkamm muss klar abgegrenzt sein, symmetrisch und zu den Hüfthöckern hin schmaler werden. Er muss unmittelbar hinter den Schultern beginnen und bis zu den Hüfthöckern reichen. Der Rückenkamm darf nur zwei Wirbel („Crowns") aufweisen, die dieselbe Form haben und einander gegenüberliegen. Die Unterkanten der Wirbel dürfen nicht über das obere Drittel des Rückenkamms hinausgehen. Ein guter Durchschnittswert für die Breite des Rückenkamms ist 5 cm (2").

Verhalten/Charakter/Wesen: Würdevoll, intelligent, Fremden gegenüber zurückhaltend, aber ohne Anzeichen von Aggressivität oder Scheu.

Kopf

Oberkopf/Schädel: Sollte von mittlerer Länge sein (Breite zwischen den Behängen, Entfernungen vom Hinterhauptstachel bis zum Stirnabsatz, vom Stirnabsatz zur Nasenspitze sollten gleich sein), flach und breit zwischen den Behängen, in entspannter Haltung keine Faltenbildung am Kopf.

Stopp: Der Stirnabsatz sollte recht gut markiert sein. Das Profil darf nicht in einer Geraden vom Hinterhauptstachel zur Nasenspitze verlaufen.

Gesichtsschädel

Nasenschwamm: Die Nase sollte schwarz oder braun sein. Eine schwarze Nase sollte mit dunklen Augen, eine braune Nase mit bernsteinfarbenen Augen einhergehen.

Fang: Der Fang sollte lang, tief und kräftig sein. Lefzen: Die Lefzen sollten straff sein und am Kiefer anliegen.
Kiefer/Zähne: Starke Kiefer, mit einem perfekt schließenden und vollständigen Scherengebiss. Das heißt, dass die oberen Schneidezähne die unteren Schneidezähne dicht übergreifen und senkrecht im Kiefer stehen. Die Zähne müssen gut entwickelt sein, besonders die Eck- oder Fangzähne.
Backen: Keine Backen.
Augen: Sollten mäßig weit voneinander eingesetzt sein, rund, klar und funkelnd, mit intelligentem Ausdruck. Ihre Farbe soll mit der Fellfarbe harmonieren.
Behang: Sollte ziemlich hoch angesetzt sein, von mittlerer Größe, recht breit am Ansatz und sich zu einer abgerundeten Spitze verjüngen. Er sollte am Kopf anliegend getragen werden.
Hals: Sollte ziemlich lang sein, kräftig und ohne lose Kehlhaut.

Körper

Rücken: Kraftvoll.
Lenden: Stark, muskulös und leicht gewölbt.
Brust: Sollte nicht zu breit sein, aber sehr tief und geräumig; der tiefste Punkt des Brustbeins sollte in Höhe des Ellenbogenpunktes liegen.
Vorbrust: Sollte, von der Seite gesehen, sichtbar sein.
Rippen: Mäßig gewölbt, niemals tonnenförmig.
Rute: Am Ansatz kräftig, zur Rutenspitze hin allmählich dünner werdend, nicht grob. Von mäßiger Länge, weder zu hoch noch zu tief angesetzt, leicht gebogen getragen, aber niemals geringelt.

Gliedmaßen

Vorderhand: Die Vorderläufe sollten vollständig gerade sein, stark und mit kräftigen Laufknochen, die Ellenbogen am Rumpf anliegen. Von der Seite gesehen sollte der Vorderlauf breiter sein als von vorn gesehen. Starke Vorderfußwurzelgelenke, Vorderfuß leicht geneigt gestellt.
Schultern: Die Schultern sollten sich, schräg liegend, klar abzeichnen und muskulös, große Geschwindigkeit erahnen lassen.
Hinterhand: Die Bemuskelung der Hinterhand sollte schlank sein, die Knie gut gewinkelt, der Hintermittelfuß kurz.
Pfoten: Rund, mit eng aneinanderliegenden und gut gewölbten Zehen.
Gangwerk: Mit gutem Raumgriff, frei und rege.

Haarkleid

Haar: Sollte kurz und dicht sein, glatt und glänzend im Aussehen, aber weder wollig noch seidig.
Farbe: Hell weizenfarben bis rot weizenfarben. Ein wenig Weiß an der Brust und den Zehen ist statthaft, ausgedehnte weiße Behaarung hier, am Bauch oder oberhalb der Zehen ist unerwünscht. Ein dunkler Fang und dunkle Behänge sind statthaft. Zu viele schwarze Haare im ganzen Fell sind äußerst unerwünscht.
Größe: Die erwünschten Widerristhöhen sind bei Rüden: 63 cm (25”) bis 69 cm (27”).
Bei Hündinnen: 61 cm (24”) bis 66 cm (26”).
Gewicht: Rüden: 36,5 kg (80 lbs).
Hündinnen: 32 kg (70 lbs).
Fehler: Jede Abweichung von den vorgenannten Punkten muss als Fehler angesehen werden, dessen Bewertung in genauem Verhältnis zum Grad der Abweichung stehen sollte. Hunde, die deutlich physische Abnormitäten oder Verhaltensstörungen aufweisen, müssen disqualifiziert werden. Rüden müssen zwei offensichtlich normal entwickelte Hoden aufweisen, die sich vollständig im Hodensack befinden.

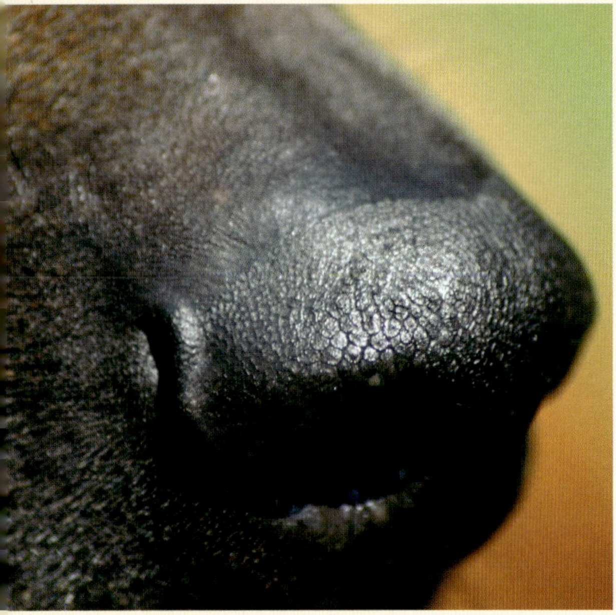

Der Nasenspiegel ist hier tief Schwarz. (Foto: Marcinowski)

Das Auge dunkel, zur Fellfarbe passend. (Foto: Marcinowski)

Unbestritten ist, dass unsere heutigen Ridgebacks bezüglich der Fellfarbe wesentlich homogener sind als ihre Urahnen. Dies ist darauf zurückzuführen, dass 1936 die Farbvielfalt im Standard beschränkt und in „weizenfarben bevorzugt, rehfarben erlaubt" geändert wurde. Zudem wurden „zu viel Weiß" oder „zu viel schwarzes Stichelhaar" zum zuchtausschließenden Fehler. Beides kommt auch heute noch gelegentlich vor, während gestromte, zobelfarbene, gefleckte oder gescheckte Tiere in der modernen Ridgeback-Zucht sehr selten, eigentlich gar nicht mehr zu finden sind. Schwarze Haare sind lediglich am Fang bis zu den Augen und an den Ohren erlaubt, die sogenannte Maske. Der Nasenspiegel und die Krallen sollen schwarz pigmentiert sein. Davon abweichend ist die „Leber- oder Braunnase" bei einer Sonderfarbe des Rhodesian Ridgebacks erlaubt. Bei diesen „Livernose-Hunden" ist der Nasenspiegel braun, die Augen sind bernsteinfarben. Dieser Farbschlag weist kaum, möglichst gar kein Schwarzpigment auf, hat dementsprechend keine Maske, fleischfarbene Lidränder und meist braune Krallen, zeichnet sich aber häufig durch ein sehr intensives Rotpigment aus. Hervorgerufen wird dieser Farbschlag durch den Umstand, dass zwei Gene, die über die Ausbildung „Braun oder Schwarz" entscheiden, jeweils homozygot, sprich gleichpaarig oder reinerbig, in der rezessiven, sprich weichenden oder nicht dominanten Form „Braun" vorliegen. Hierbei spielen die sogenannten Allele eine Rolle. Als Allel bezeichnet man die „alternative Zustandsform" eines Gens, wobei jeweils zwei Allele als Pärchen ein Gen bilden und die Ausprägung eines Merkmals bestimmen. Wenn in der dominanten Form „Schwarz" vorliegt, weist der Phänotyp, sprich das erkennbare Erscheinungsbild, Schwarzpigment auf, und es handelt sich nicht mehr um eine „echte Lebernase". Homozygot „schwarze" Tiere haben einen tiefschwarzen Nasenspiegel und komplett schwarze Krallen. Häufig sind jedoch die Tiere diesbezüglich heterozygot, das heißt mischerbig für Braun und Schwarz, sodass die Krallen/einzelne Krallen braun und der Nasenspiegel braun-schwarz sein können. In einigen Fällen wechselt die Farbe des Nasenspiegels sogar jahreszeitlich von Braun zu Schwarz (sogenannte Wechselnase). Generell gilt: Je größer die Zahl der rezessiven Allele, desto offensichtlicher sind diese unerwünschten Erscheinungen. Auf die Fellfarbe haben diese beiden Gene jedoch keinen Einfluss. Die braune Fellfarbe wird durch ein anderes Gen bestimmt, das bei jedem reinrassigen Rhodesian Ridgeback in der homozygot rezessiven Form, sprich „Reinbraun", vorliegt. Auch bei diesem Gen ist Schwarz dominant. Schwarz kann ein Welpe also nur dann sein, wenn mindestens ein Elternteil schwarz war, zwei braune Elterntiere können demnach niemals einen schwarzen Nachkommen zeugen. Schwarze Ridgeback-Welpen gehören also in den Bereich der Legenden und stammen in keinem Fall von reinrassigen Elterntieren ab. Oft wird von Welpeninteressenten nach Welpen mit einer ridgebacktypischen Maske gefragt. Hierzu ist anzumerken: Im Standard sind „ein dunkler Fang und dunkle Behänge statthaft", was nicht heißt, dass diese „Maskenbildung" erwünscht ist. Der Begriff Maske wird in Südafrika viel strenger und enger gefasst als hierzulande. Letztlich bleibt die Frage nach der Maske dem persönlichen Geschmack überlassen, wobei erfahrungsgemäß Tiere ohne Maske einen eher freundlichen und weniger düsteren Gesichtsausdruck haben. Für die Ausbildung einer Maske gibt es ein eigenes Gen, das unabhängig vererbt wird und natürlich nur zum Tragen kommt, wenn die Anlagen für „Schwarzpigment" vorhanden sind.

Bei der Intensität der braunen Fellfarbe, „light wheaten" bis „dark red wheaten", sind dagegen mehrere Gene beteiligt und die Vererbung wird erheblich komplizierter. Es gibt viele Faktoren für Verdünnung, Aufhellung und Intensivierung, die erst in ihrer Gesamtheit den Ton ausmachen. Die meisten dieser Gene werden unabhängig voneinander vererbt, sodass es unzählige neue Kombinationsmöglichkeiten bei einer Verpaarung gibt. Dementsprechend vielseitig sind die Farbnuancen, die Tiefe und das Leuchten des Braunrot bei unseren Ridgebacks.

Interessant ist das Auftreten sogenannter „blauer Welpen", deren Häufigkeit in den letzten Jahren offensichtlich zugenommen hat. Diese Welpen haben bereits bei der Geburt eine etwas hellere Farbe und wirken Blaugräulich anstelle von Braunschwarz. Auch später erscheint die Fellfarbe fahl, reicht von Gelbgrau bis Braungrau. Meist ist die Augenfarbe heller und reicht von Gelblich bis Blaugrau oder Graubraun. Die Krallen und der Nasenspiegel sind zumeist schwarz, weisen aber häufig einen anthrazitfarbenen Stich

auf. Vermutlich handelt es sich hierbei um eine „ungünstige“ Kombination bestimmter rezessiver Allele (Dilutionfaktor dl mit B zu Blau), hierzu existieren für den Ridgeback jedoch noch keine genauen Untersuchungen. Diese farbabweichenden Tiere scheinen, anders als bei anderen Rassen, keine gesundheitlichen Beeinträchtigungen zu haben, sind jedoch fehlfarben und werden generell von der Zucht ausgeschlossen.

Auch das Haarkleid des Rhodesian Ridgebacks ist, im Gegensatz zu den Zuchtanfängen, als noch rau-, draht- und langhaarige Varianten häufig waren, heute sehr einheitlich: kurz, glatt und eng anliegend. Es besitzt kaum, zumeist gar keine Unterwolle. Daher hat es nur schlechte isolierende Eigenschaften, erleichtert aber andererseits die Wärmeableitung aus dem Körper bei hohen Temperaturen. Außerdem ist das einzelne Haar und damit das gesamte Fell sehr glatt, was Zecken ein Festklammern erschwert. Beides stellt jeweils eine Anpassung an die ursprünglichen Umweltbedingungen des südlichen Afrika dar und bestimmt heute das standardgemäße Aussehen unserer Rhodesian Ridgebacks.

Der Rhodesian Ridgeback: Ein besonderer Hund

Spätreif

Eine weitere Anpassung an extreme Lebensverhältnisse ist die sehr langsame physische als auch psychische Entwicklung. Der Rhodesian Ridgeback zählt mit Recht zu den spätreifen Rassen. Obwohl unter idealen Bedingungen sehr wuchsfreudig, ist das körperliche Wachstum des Ridgebacks erst mit gut zwölf bis 18 Monaten abgeschlossen, die endgültige körperliche Reife wird mit zwei bis zweieinhalb Jahren erreicht. Noch länger dauert die geistige Entwicklung und Reife. Häufig wird der Ridgeback erst mit mehr als zwei, gar drei Jahren „erwachsen“, was andererseits einer sehr langen Lern- und Prägefähigkeit zugute kommt. So mancher unerfahrene Ridgeback-Halter beklagt sich über das Verhalten seines eineinhalbjährigen Ridgebacks, der die viel beschworene Gelassenheit und Souveränität der Rasse so gar nicht zeigen will. Die Enttäuschung ist umso größer, wenn plötzlich, wie aus heiterem Himmel, sicher geglaubte Lern- und Erziehungserfolge wie weggeblasen erscheinen. Häufig fallen die Hunde in Verhaltensweisen und Unarten zurück, die der Besitzer aus der Welpen- und Junghundzeit zwar kannte, aber für längst erledigt betrachtete. Manchmal lassen sich die Hunde dann nicht mehr abrufen, mögen nicht mehr allein zu Hause bleiben, zerrupfen Kissen oder zerkauen Schuhe und tun andere Dinge, die sie vorher noch nie getan haben. Es wird von Hunden berichtet, die plötzlich Fremde verbellen oder Joggern hinterherlaufen, an der Leine ziehen oder gar nicht mehr im Auto fahren mögen. Die Liste der Klagen ist lang und der gesamte Stolz der Besitzer auf die gute Erziehung ihres Jährlings, die von allen Seiten gelobt wurde und auf die sie so viel Energie verwandt haben, bröckelt dahin. Es kostet viel Geduld und Nerven, diese scheinbaren Rückschritte bei einem 30 bis 40 Kilogramm schweren, äußerlich erwachsen scheinenden Hund zu ertragen, zumal wenn die Umwelt keinen „Welpenbonus" mehr vergibt und das Verhalten des Hundes gar auf die Fähigkeiten des Besitzers als Hundehalter projiziert werden. Erschwerend kommt hinzu, dass zumindest bei den Rüden zu dieser Zeit das eigene Ego erwacht und sich rüdentypische Verhaltensweisen hinzugesellen.

In all dem mag das Vorurteil begründet sein, der Ridgeback sei schwer erziehbar, und viele Züchter bestehen von daher bei ihren Welpenabnehmern auf eine gehörige Portion Hundeerfahrung. Sicherlich ist es immer gut, wenn Welpenbesitzer schon Vorkenntnisse in der Hundehaltung haben. Wir haben jedoch bei unseren eigenen Welpenabnehmern die Erfahrung gemacht, dass eine viel beschworene Hundeerfahrung mit anderen Rassen bei der Erziehung und Haltung von Ridgebacks nur wenig hilfreich, vielleicht sogar von Nachteil sein kann. Wenn jemand, der seit vielen Jahren deutsche Schäferhunde gehalten oder schon immer Dobermänner gehabt hat, versucht, diese bewährten Erfahrungen eins zu eins auf den Ridgeback zu übertragen, kann es schwierig werden. Wesentlich wichtiger erscheint uns die Bereitschaft der neuen Besitzer, sich auf diesen Hund einzulassen. Sie sollten außerdem viel Geduld und Durchhaltevermögen besitzen und sich nicht schnell von Rückschlägen entmutigen lassen. Wer glaubt, mit der Buchung einer Welpenspielstunde und einigen Übungsstunden auf einem Hundeplatz sei die Erziehung und Ausbildung in wenigen Monaten abgeschlossen und der Hund funktioniere von da an, der irrt sich.

Andererseits bietet diese langsame Entwicklung und lange Reifezeit die Möglichkeit, mit seinem Tier zu wachsen und als Hundehalter hinzuzulernen. Fehlentwicklungen können bei den Rhodesian Ridgebacks, anders als bei vielen anderen Rassen, noch lange korrigiert werden.

Irgendwann, oftmals erst im zweiten oder dritten Lebensjahr, macht es dann „Klick", und das Verhalten ändert sich manchmal innerhalb weniger Tage oder Wochen von Grund auf. Plötzlich ist sie da, die Ruhe und Gelassenheit, die viel zitierte Souveränität.

Zuhause: Ruhiger, aufmerksamer Beobachter

Doch nicht nur in der geistigen Entwicklung, auch in Bezug auf das Wesen zeigt der Ridgeback einige Besonderheiten. Generell gilt er als sehr ruhiger Hund. Dies betrifft sowohl das Bellverhalten, als auch die körperliche Aktivität in der häuslichen Umgebung. Meist liegen erwachsene Ridgebacks fast phlegmatisch an irgendeinem Platz, beobachten dabei jedoch sehr aufmerksam das Geschehen um sich herum.

Die vielfache Forderung nach einem möglichst großen Garten sollte daher eher in die Frage nach einem „geeigneten Beobachtungsposten" umgewandelt werden. Zwar ist ein Garten sicherlich bei jeder Hundehaltung vorteilhaft, wer jedoch glaubt, dieser würde von einem Ridgeback als Auslauf und Platz zum Spielen genutzt, irrt. Mögen Welpen einen Garten noch interessant

Ein Rhodesian Ridgeback auf seinem Beobachtungsposten. (Foto: Marcinowski)

finden, so werden selbst 3000 Quadratmeter einem erwachsenen Ridgeback nicht gerecht. Er würde sie vermutlich bestenfalls für ein oder zwei kurze Patrouillengänge entlang der Grundstücksgrenzen oder zur Not als Hundetoilette nutzen. Meist halten sich die Ridgebacks in unmittelbarer Nähe zu ihren Zweibeinern auf, ohne dabei in irgendeiner Form aufdringlich zu sein. Oft vergisst man als Hundehalter oder als Gast die Anwesenheit der Hunde, wenn sich diese auf ihren „Beobachtungsposten" zurückgezogen haben. Trotzdem sollte man seinen Hund nicht unterschätzen, ihm entgeht nichts, und bei ungewöhnlichen Ereignissen steht er parat und überrascht durch sein plötzliches Erscheinen. Das Territorialverhalten kann hierbei sehr ausgeprägt sein, und es ist niemandem zu raten, ungefragt oder ohne wohlwollende Begrüßung durch den Zweibeiner als Fremder das „Reich eines Ridgebacks" zu betreten.

Trotzdem gilt der Rhodesian Ridgeback als zurückhaltend und vorsichtig. Fremden gegenüber verhält er sich eher skeptisch und abwartend.

Die Reizschwelle des Ridgebacks liegt sehr hoch, wodurch für den Beobachter der Eindruck eines sehr bedachten und besonnenen Verhaltens entsteht, das stellenweise einer gewissen Arroganz und Ignoranz nicht entbehren mag. Es ist möglich, dass ein Ridgeback-Halter, der nach Hause kommt, von seinem Hund nicht wie üblich bereits an der Tür stehend freudig begrüßt wird, sondern dieser auf seinem Platz liegen bleibt und lediglich zweimal mit der Rutenspitze auf sein

Lager klopft, um Hallo zu sagen. Oft scheint es, als bekäme der Ridgeback das, was um ihn herum geschieht, gar nicht mit zumindest zeigt er keine Reaktion. Doch das täuscht – er hält die Situation nur nicht für wert, darauf zu reagieren.

So beobachtet er oft stundenlang vorübergehende Passanten auf der Straße, ohne eine Regung zu zeigen, um dann plötzlich zur Haustür zu traben, lange bevor der nette Staubsaugervertreter überhaupt den Klingelknopf betätigt hat.

Dem Ridgeback wird ein sechster Sinn für Gefahren nachgesagt – man mag daran glauben oder nicht. Hellseherische Fähigkeiten hat der Ridgeback sicherlich nicht, seine Sinne sind jedoch, wie bei allen Hunden, deutlich besser als unsere. Er registriert die geringsten Veränderungen und nimmt die kleinsten Signale auch in der Körpersprache wahr. Offensichtlich ist er auch in der Lage, die Impulse instinktiv richtig einzuordnen und zu interpretieren, sodass er frühzeitig agieren kann. Vielleicht liegt in dieser besonderen Fähigkeit des äußerst feinen Registrierens und der richtigen Interpretation der tiefere Sinn der ungewöhnlich langen geistigen Reifezeit des Rhodesian Ridgebacks. Dabei sind diese Wesenszüge sicherlich das Erbe einer Überlebensstrategie, die unter extremen Umweltbedingungen entstanden ist. Fehler konnten fatale Folgen haben, jede Energie- und Flüssigkeitsverschwendung durch unnötige Aktivitäten musste vermieden werden, Wachsamkeit und Aufmerksamkeit für eine Handlungsbereitschaft im richtigen Moment mussten aber jederzeit gegeben sein.

Im Freien macht der Ridgeback der Bezeichnung „Laufhund" alle Ehre. (Foto: Marcinowski)

Draußen: Energie pur

Ganz anders als in der häuslichen Umgebung ist das Verhalten des Rhodesian Ridgebacks, wenn der, hoffentlich zweibeinige, Rudelführer zur „Jagd" ruft; wenn es gilt, das Revier zu inspizieren, draußen nach dem Rechten zu sehen, lohnende Beute aufzuspüren oder einfach Spaß am Laufen zu haben.

Hier zeigt der Ridgeback seine wahren Qualitäten: stundenlanges Traben und unermüdliches Suchen, wobei sowohl mit der Nase als auch viel auf Sicht gejagt wird. Permanent wird der Horizont abgesucht, weshalb der Natur des Ridgebacks besonders Spaziergänge auf freiem Feld sehr entgegenkommen. Trifft man auf Artgenossen,

Schrammen und Kratzer sind beim wilden Spiel nicht selten. (Foto: Marcinowski)

stellt man schnell fest, dass der Rhodesian Ridgeback den meisten anderen Hunderassen bezüglich Wendigkeit, Schnelligkeit und Ausdauer weit überlegen ist. Zumeist besteht das Spiel aus einer wilden Hatz, dem Stellen und Festhalten des Gejagten durch Umkreisen. Dies ist besonders effektiv, wenn mehrere Ridgebacks im Team agieren, die „Beute“ aufeinander zutreiben und gemeinsam stellen. Mit Scheinangriffen und permanenten Positionswechseln wird der Gejagte beschäftigt und ermüdet, wobei der Ridgeback stets darauf bedacht ist, einen gewissen Sicherheitsabstand einzuhalten. Dies entspricht genau dem Jagdverhalten, das die Großwildjäger vergangener Tage so schätzten. Leider werden bei diesen Jagdspielen Hunde anderer Rassen meist automatisch zu Gejagten, was das Spiel recht einseitig macht.

Spielen mehrere Rhodesian Ridgebacks untereinander, wechseln die Rollen häufiger. Das Spiel ist wesentlich rauer und wirkt für Außenstehende manchmal bedrohlich. Typisch ist dabei die Verlagerung von der Horizontalen in die Vertikale; die Tiere steigen auf die Hinterläufe, umklammern sich mit den Vorderbeinen und versuchen sich gegenseitig umzuwerfen.

Arbeit für Belohnung

Weniger Interesse zeigt der Rhodesian Ridgeback am Spiel mit unbelebten Dingen. Zwar ist spezielles Spielzeug für Welpen notwendig und wird auch gern angenommen, einen erwachsenen Ridgeback lassen solche Mitbringsel, zur Enttäuschung von Herrchen und Frauchen, meistens ziemlich kalt. Es fällt schwer, einen Ridgi für Stöckchen oder Bällchen zu begeistern. Die Apportierfreude hält sich in Grenzen, und viele Ridgeback-Besitzer sind bereits stolz, wenn ihr Ridgeback das geworfene Stöckchen mehr als zweimal hintereinander bringt. Damit steht der Rhodesian Ridgeback im krassen Gegensatz zu den Hütehundrassen, wie zum Beispiel dem Border Collie mit seinem unermüdlichen Arbeits- und Spielwillen. Dies hat natürlich Konsequenzen für die Erziehung, Motivation und artgerechte Auslastung des Hundes. Ein Rhodesian Ridgeback ist kaum über den Spiel- oder Arbeitswillen zu motivieren oder positiv zu bestärken.

Die Rhodesian Ridgebacks Diketi, Drago und George spielen gerne im Wasser. (Foto: Marcinowski)

Arbeit nur der Arbeit wegen liegt ihm nicht. Dient die Arbeit aber dem „Broterwerb“, zeigt der Ridgeback, dass er sehr wohl arbeitsfähig ist, Ausdauer besitzt und motiviert werden kann. Such- und Wurfspiele mit Leckerli als Belohnung sind sehr zu empfehlen, und selbst das Schwimmen und Toben im Wasser kann dem Ridgeback auf diese Weise schmackhaft gemacht werden. Man sollte seiner eigenen Fantasie für immer neue und abgeänderte Spiele freien Lauf lassen. Wie die meisten Hunde ist der Ridgeback über das Fressen bestechlich, und der Halter sollte diese „Schwäche“ ruhig für seine Interessen nutzen. Nach und nach sollte man jedoch versuchen, das Leckerli als Belohnung durch Lob zu ersetzen, ohne dass der Hund dabei vorzeitig das Interesse verliert.

Letztlich ist der Ridgeback genauso einfach oder schwierig wie andere Hunderassen auch, sofern man die rassetypischen Besonderheiten beachtet und Wege findet, seinen Hund zu motivieren, und für unerwünschtes Verhalten einen Ausgleich oder eine Umlenkung schafft.

Mäusebuddeln – auch eine Form der Jagd. (Foto:Marcinowski)

(Foto: Marcinowski)

Einsatzmöglichkeiten für den Rhodesian Ridgback

Glücklicherweise gehören die Tage der Großwildjagd der Vergangenheit an, und nur selten wird heute für die Inspektion eines Anwesens tatsächlich ein unermüdlicher Laufhund als Beschützer gebraucht. Dies bedeutet jedoch nicht, dass die Eigenschaften und Fähigkeiten des Ridgebacks nicht für andere, zeitgemäßere Zwecke genutzt werden können.

Es ist besonders schwierig den Jagdtrieb zu kontrollieren, wenn die Hunde im Rudel unterwegs sind. (Foto: Möller)

Vielfältige Begabungen

Heute leben gut 90 bis 95 Prozent aller Rhodesian Ridgebacks als Familienhunde, wobei die immer wieder aufkommende Jagdleidenschaft eher Probleme schafft. Gewiss ist es möglich, den Jagdtrieb des Ridgebacks zu kontrollieren und zu kanalisieren, und auch die Veranlagung diese Leidenschaft auszuleben, ist von Hund zu Hund unterschiedlich stark, bleibt aber zumindest bei einem Familienhund unerwünscht.

Geschlechtliche Unterschiede bestehen dabei kaum, Hündinnen erweisen sich jedoch häufig auf der Hatz als hartnäckiger. Die meisten Ridgebacks haben einen stark ausgeprägten Jagdtrieb, und ihr Erbe als ausdauernde Hetzjäger ist nur schwerlich mit unseren landschaftlichen und infrastrukturellen Gegebenheiten zu vereinen. Jagdpächter und Landwirte sind meist wenig begeistert. Straßen und Bahnlinien bergen für die Hunde Gefahren, die fatale Folgen haben können.

Wir waren zu zweit und hatten drei unserer Ridgis dabei, die wir, wie gewöhnlich, außerhalb des Dorfes von der Leine ließen. Der Feldweg führte uns auf einen Hügel, zu unserer Linken ein dichtes Waldstück, rechts des Weges eine lang gezogene Senke von gut 800 Metern Breite. Auf der gegenüberliegenden Seite erhob sich wieder ein Waldstreifen, während das gesamte Tal vom kniehohen Grün großer Getreidefelder bedeckt war. Die Hunde trotteten einige Meter vor uns her, als plötzlich zwei Rehe, nur 20 Meter vor uns, aus dem Wald kommend den Weg kreuzten und in großen Sprüngen die Senke hinunterjagten.
Ich denke, unsere Hunde waren genauso überrascht wie wir, verharrten einen kurzen Augenblick, um dann gleichzeitig loszuspurten, ohne dass wir eine Chance hatten, sie bei Fuß zu rufen. Im gestreckten Galopp hetzten unsere Hunde den Rehen hinterher, wobei sie dicht zusammen direkt hinter dem fliehenden Wild blieben. Am Fuß der Senke jedoch scherten, wie auf ein verabredetes Zeichen hin, zwei unserer Hunde nach links und rechts aus. Sie legten noch einen Gang zu und schickten sich an, die Rehe mit einem seitlichen Abstand von gut 50 Metern zu überholen, während der dritte sie, deutlich langsamer werdend, weiter vorantrieb. So hetzten Verfolgte und Verfolger völlig lautlos die gegenüberliegende Anhöhe hinauf. Der bisherige Ablauf der wilden Hatz war deutlich als Spur im Getreide zu erkennen – ein perfekter Dreizack. Mittlerweile hatten die beiden Äußeren die Rehe an den Flanken überholt und verschwanden in dem Waldstreifen, wobei zu erkennen war, dass sie die Richtung änderten, um nun aufeinander zulaufend vor den Rehen zu kreuzen. Die perfekte Falle: Einer trieb die Beute voran, direkt in die Fänge der zwischenzeitlich postierten anderen Hunde. Glücklicherweise drehten die Rehe vor dem Waldstreifen und den darin befindlichen Fängern nach links ab und rannten im weiten Bogen wieder die Senke hinab. Sofort hielt der Treiber inne und machte keine Anstalten, die Verfolgung fortzusetzen. Ein kurzes „Wuff“, und die Fänger kamen aus dem Waldstreifen heraus, jeweils zehn Meter seitlich von der Stelle entfernt, wo die Rehe in den Waldstreifen hätten laufen müssen, wenn sie nicht die Richtung geändert hätten. So standen unsere Hunde auf der gegenüberliegenden Seite der Senke und sahen den Rehen lange nach, bis diese auf unserer Seite, knapp 300 Meter von uns entfernt, wieder über den Feldweg im Wald verschwanden. Daraufhin kamen unsere Hunde sichtlich enttäuscht im leichten Trab zu uns zurückgelaufen. Fraglich, ob sie über ihr eigenes Jagdpech enttäuscht waren oder über die Tatsache, dass wir die Rehe hatten ziehen lassen, ohne unsere Chance, eine zweite Falle auf deren Rückweg zuschnappen zu lassen, zu nutzen. So wenig tolerabel und rühmlich dieses Erlebnis auch war, so faszinierend war es, die klare Aufgabenverteilung und das Teamwork zu beobachten – schließlich wurden unsere Hunde nicht jagdlich geführt und niemand hatte ihnen bis dato gezeigt so zu jagen.

Jeder Ridgeback-Halter ist gut beraten, insbesondere wenn mehrere Ridgebacks gemeinsam gehalten werden oder man sich regelmäßig zu Spaziergängen trifft, der Jagdleidenschaft Rechnung zu tragen und großes Augenmerk auf die Vermeidung im Vorfeld zu legen. Ist der Hund erst einmal losgespurtet, hat der Besitzer kaum noch eine Chance, seinen Hund über Kommandos zu erreichen. An ein Einholen, selbst auf dem Fahrrad, ist nicht zu denken.

Erfahrene Ridgeback-Halter wissen die Zeichen ihrer Hunde frühzeitig zu deuten und haben sich einen mindestens genauso vorausschauenden Blick wie den ihrer Hunde angeeignet. Sofern der Hund nicht sicher im Gehorsam steht, sollte er im Zweifelsfall an der langen Leine geführt werden.

Der Rhodesian Ridgeback als Jagdhund

Die Zahl der jagdlich geführten Rhodesian Ridgebacks in der Bundesrepublik ist zwar immer noch gering, steigt aber stetig an.

Dabei kommen dem Ridgeback hierzulande die Aufgaben eines Spezialisten zu, als Schweiß-

Auch in der Gruppe ist Grundgehorsam unerlässlich. (Foto: Möller)

hund, ähnlich dem Bayerischen Gebirgsschweißhund oder dem Hannoveraner. Seine Hauptaufgabe ist dabei die Nachsuche von krank geschossenem Wild. Die ausgeprägte Nase sowie seine Ruhe und Ausdauer kommen dem Ridgeback dabei besonders zugute. Die Sorgfalt, mit der selbst Junghunde und untrainierte Hunde eine Fährte ausarbeiten, begeistert und beeindruckt regelmäßig auch Hundeführer anderer Rassen. Trotzdem werden Ridgebacks meist nur zu eher unbeliebten Nachsuchen auf Rehwild gerufen, schließlich ist der Ridgeback in Deutschland keine anerkannte Jagdhundrasse. Nur wenige Jäger nutzen ihren Ridgeback auch als Stöber- oder Vorstehhund.

Eine besondere Herausforderung in der Jagdausbildung stellt dabei das Training von Aufgaben dar, die dem Ridgi eher weniger liegen, wie etwa die Wasserarbeit, der Apport und das Spurlautgeben. Doch auch diese werden von vielen Ridgebacks verlässlich erbracht. Mittlerweile haben sich unter den Jägern, die Rhodesian Ridgebacks führen, Interessengemeinschaften und Arbeitskreise gebildet, die das Ziel haben, die jagdliche Arbeit mit dem Rhodesian Ridgeback zu fördern und in Deutschland endgültig zu etablieren. Regelmäßig werden, neben der Arbeit im eigenen Revier, gemeinsame Übungen, Ausbildungskurse und Wettbewerbe organisiert. Vergleichswettkämpfe haben gezeigt, dass der Rhodesian Ridgeback durchaus neben den seit Langem akzeptierten, auf Nachsuche spezialisierten Rassen bestehen kann. Die Forderung, die jagdliche Führung für eine gewisse Anzahl an Zucht-

Wasserarbeit gehört zu den Aufgaben eines Jagdhundes. (Foto: Marcinowski)

Die Rhodesian Ridgeback-Hündin Betyna hat gezeigt, dass sich Schönheit und Gebrauchtauglichkeit nicht ausschließen: sie trägt einen Champion Titel und hat die Jagdgebrauchshundeprüfung erfolgreich abgelegt. (Foto: Obschernicat)

linien auch über mehrere Generationen kontinuierlich nachzuweisen, konnte inzwischen auch erbracht werden, sodass einer Anerkennung als Jagdhundrasse eigentlich nichts mehr im Wege stehen sollte.

In einigen Ländern, zum Beispiel in Tschechien, ist der Rhodesian Ridgeback bereits als Jagdhundrasse anerkannt, darf offiziell als Revierhund geführt werden, an Arbeitsprüfungen teilnehmen und auf Ausstellungen in der Gebrauchshundklasse starten. Viele Hunde aus diesen Ländern besitzen neben einer Zuchtzulassungsprüfung auch eine Jagdeignungsprüfung.

Der Rhodesian Ridgeback als Rettungshund

Schon länger wird der Rhodesian Ridgeback erfolgreich als Personensuchhund und zur Rettungshundearbeit eingesetzt. In professionellen Rettungshundestaffeln, wie die der Bundeswehr, Polizei oder des Bundesgrenzschutzes, sucht man jedoch den Ridgeback vergebens. Dies liegt nicht an einer mangelnden Eignung, sondern an den Vorgaben, dass ein Suchhund, egal ob Personen-, Sprengstoff- oder Drogenspürhund, seine Eignung als Personenschutz- und Wachbegleithund vor einer Spezialausbildung und einer möglichen „Verbeamtung" unter Beweis stellen muss. Dagegen gehören in verschiedenen zivilen Organisationen Ridgeback-Halter und ihre Hunde zu den festen Rettungsstaffeln und überzeugen durch ihre Leistungen. Wie bei der jagdlichen Arbeit prädestinieren die hervorragende Nase und die Ausdauer den Ridgeback für dieses Einsatzgebiet. Seine besondere Ruhe und Sorgfalt bei der Suche sind auch hier sehr von Vorteil.

Jüngste Untersuchungen der Universität München haben gezeigt, was erfahrene Hundeführer schon immer wussten und seit Langem beherzigt haben: Die Nasenarbeit auf Nachsuchen bedeutet für den Hund höchste Anstrengung, ähnlich schwerer körperlicher Arbeit, und der größte limitierende Faktor ist der Anstieg der Körpertemperatur, also die Überhitzung des Tieres. Je ruhiger die Suche durchgeführt wird, je weniger schnell das Tier ins „Hecheln" kommt, desto leistungsfähiger und erfolgreicher ist der Hund. Bemerkenswert ist, dass alle auf die Nachsuche spezialisierten Hunderassen traditionell kurzhaarig sind. Die besondere Beschaffenheit des Haarkleides und die gute Hitzeverträglichkeit des Rhodesian Ridgebacks ist auch hier von Vorteil. Zudem hat sich die bereits erwähnte Härte des Ridgebacks bei Extremeinsätzen bewährt. So berichtete ein Hundeführer von den Pfoten seines Hundes bei der Suche nach Verschütteten in einem eingestürzten Gebäude: Der Hund setzte die Suche zwischen den Trümmern fort, trotz tiefer Schnittwunden, die durch zerbrochene Fensterscheiben entstanden waren, und Ballen, die vom rauen Beton bis aufs rohe Fleisch durchgescheuert waren. Er erkletterte, scheinbar völlig unbeeindruckt große, fast senkrecht stehende Betonplatten und hinterließ blutige Pfotenabdrücke. Diese Extreme sind glücklicherweise nur die

Ausnahme, zeigen aber, zu welchen Leistungen der Rhodesian Ridgeback fähig ist. Vorteilhaft für die Ausbildung und den Einsatz als Rettungshund ist eine moderate Größe und ein tragbares Gewicht, da bei Einsätzen in einsturzgefährdeten Trümmern auch das Auf- und Abseilen zu den Aufgaben gehört und man damit rechnen muss, dass der Hund über weite Strecken nur getragen werden kann. Die Arbeit als Rettungshund bietet eine gute Möglichkeit, die Talente des Hundes sinnvoll zu nutzen und einen anspruchsvollen Ausgleich für Hund und Halter zu schaffen. Viele regionale Rettungshundestaffeln bieten Übungsstunden und Ausbildungskurse an, für die es lohnt sich zu bewerben. Voraussetzung ist, neben ernsthaftem Interesse, zumeist lediglich eine anerkannte Begleithundeprüfung.

Der Rhodesian Ridgeback als Familienhund

Um den Rhodesian Ridgeback als Familienhund zu verstehen, empfiehlt es sich, die ursprünglichen Lebensgewohnheiten des Ridgebacks näher zu betrachten. Sowohl bei den Ureinwohnern, bei den ersten Siedlern bis hin zu den südafrikanischen Farmern wurden die Hunde nur am Rande registriert. Sie waren einfach da, besondere Aufmerksamkeit wurde ihnen im Alltag nicht zuteil. Man erwartete, dass sie möglichst anspruchslos und unauffällig, jedoch stets präsent waren, ihre Menschen vor Gefahren früh warnten und notfalls selbstständig, ohne Rücksicht auf das eigene Wohlergehen ihr „Rudel“ verteidigten. Andererseits mussten sie innerhalb des Rudels

Rhodesian Ridgebacks sind in der Familie absolut verlässlich und sanft. (Foto Marcinowski)

verträglich und gegenüber den zweibeinigen Rudelmitgliedern, auch Kindern, absolut friedlich sein. Es war selbstverständlich, dass die Hunde ihre Menschen auf allen Wegen begleiteten, galt es nun zur Wasserstelle zu gehen, nach dem Vieh oder den Zäunen zu sehen oder einfach einen Spaziergang in die nähere Umgebung zu machen. Ging man auf Jagd, wurde Ausdauer und Schnelligkeit verlangt. Gute Jäger, die lohnendes Wild aufspürten und schnell bis zum Stellen hetzen konnten, hatten gute Chancen auch in Notzeiten zu überleben. Erfüllte ein Hund diese Voraussetzungen nicht, darf man annehmen, dass neben dem großen natürlichen Selektionsdruck auch der Mensch eingriff. Die Folgen dieser Selektion sind bis heute beim Ridgeback zu erkennen. Fast alle Ridgebacks verhalten sich sehr instinkttreu, und Abweichungen davon müssen meist sehr mühsam antrainiert werden. Je näher der heutige Lebensablauf diesen ursprünglichen Gegebenheiten entgegenkommt, desto reibungsloser erfolgt die Integration eines Ridgebacks in eine bestehende Familie.

Der Ridgeback fügt sich gewöhnlich wie selbstverständlich in bestehende Ordnungen ein. Dies gilt auch für Kinder und andere Haustiere, sofern dem Hund die Rudelzugehörigkeit frühzeitig vermittelt wird. Wer oder was nicht zum Rudel gehört, dem wird eher mit Zurückhaltung und Skepsis begegnet. Ein gesundes Misstrauen ist, genauso wie eine geringe Aggressionsbereitschaft, typisch für den Rhodesian Ridgeback. Trotzdem ist Nachbars Katze gut beraten, den Garten des Hundes nur mit Vorsicht zu durchqueren. Sofern Kleinkinder in der Familie sind, sollte bei sehr jungen Ridgebacks und Welpen das manchmal recht raue Spiel bedacht werden. Welpenzähne sind nun einmal sehr spitz, und beim Toben können kleine Kinder leicht zu Fall gebracht werden, wenn diese noch nicht sicher auf eigenen Füßen stehen. Aber dies gilt gewiss für Junghunde aller Rassen, sofern es sich nicht um einen Chihuahua oder Yorki handelt. Erwachsene Ridgebacks dagegen erstaunen trotz ihrer Größe und Kraft immer wieder durch ihre Sanftheit und Rücksichtnahme gegenüber kleinen Kindern. Trotzdem sollte darauf geachtet werden, dass auch der zweibeinige Nachwuchs Verständnis für das Rückzugsverhalten des Hundes entwickelt. Werden diese Regeln beachtet, ist der Ridgeback ein absolut verlässlicher Partner, der gewöhnlich alles von Rudelmitgliedern toleriert. Das heißt, Kauknochen oder Futter wegnehmen und versehentliches Ziehen am Ohr rufen keine Aggression hervor.

Bei Begegnungen mit Artgenossen dagegen sollte man vorsichtiger sein. Kleinere Hunde werden zumeist ignoriert. Treffen mit fremden gleichgeschlechtlichen Artgenossen wecken oftmals den Beschützerinstinkt, insbesondere bei den Rüden. Hier bedarf es einer straffen Führung, und für Hund und Halter muss klar sein, dass nur einer das Recht hat, zur Attacke zu blasen. Wenn erst 40 bis 50 Kilo geballte Kraft gewissermaßen ihren Allradantrieb zugeschaltet haben, ist es gleich, ob ein zierliches Frauchen oder eher kräftiges Herrchen an der Leine hinterhergezogen wird. Derartiges Verhalten darf nicht toleriert werden und muss frühzeitig unterbunden werden. Erfahrungsgemäß sind Rüden impulsiver und heftiger, dafür aber auch gradliniger und berechenbarer; Hündinnen dagegen sind zumeist zurückhaltender, dafür aber launischer und das Verhalten ändert sich stark mit dem hormonellen Status.

Allgemein bekannt ist die Abneigung des Ridgebacks gegen Regen. Fast alle Rhodesian Ridgebacks sind kaum aus dem Haus zu bewegen, wenn das Wasser von oben kommt. Sind sie aber erst einmal draußen, scheint ihnen trotz Besonderheiten des Fells Nässe nichts mehr auszumachen. Trotzdem sollte man darauf achten, dass nasse Tiere, insbesondere bei winterlichen Temperaturen, nicht im kalten Auto oder anderswo abgelegt werden.

Viele Rhodesian Ridgebacks neigen dazu, futtermäßig schlechten Zeiten vorzubeugen. Auch hier sollte man die Kontrolle behalten, was besonders schwerfällt, wenn ein Rhodesian Ridgeback seinen Charme spielen lässt: Er runzelt die Stirn, legt den Kopf zur Seite und vereint alles Elend dieser Welt in seinem Blick. Als Faustregel gilt: Die letzten Rippen sollten andeutungsweise sichtbar und alle Rippen sollten immer zu ertasten sein. Ist dies nicht mehr möglich, ist das Tier zu wohlgenährt. Wenn mehr als die letzten Rippen oder die Spitzen der Dornfortsätze der Wirbelsäule sichtbar sind, darf der Hund dagegen eher ein wenig mehr wiegen.

Regelmäßig vergisst auch ein erwachsener Rhodesian Ridgeback sein Image als kühner Jäger. Dann kann es vorkommen, dass ein 40 oder 50 Kilo schwerer „Bär“ auf den Schoß oder Bauch

Kälte und Regen sind zwei Dinge, die der Ridgeback gar nicht mag. (Foto: Marcinowski)

Rhodesian Ridgebacks suchen sich lieber ein Plätzchen zum Kuscheln im Warmen. (Foto: Obschernicat)

des dösenden Herrchens zu krabbeln versucht und plötzlich die ansonsten mit Nichtachtung bestraften Kleinhunde beneidet. Außenstehende sind immer wieder überrascht, wie viel körperliche Nähe die ansonsten so zurückhaltenden Ridgebacks zu ihren Rudelmitgliedern suchen, auch wenn es noch so unbequem und eng ist.

Der Rhodesian Ridgeback als Reitbegleithund

Eine sehr ursprüngliche Weise, seinen Hund auszulasten ist es, den Ridgeback als Reitbegleitung mitzunehmen. Man sollte jedoch nicht zu früh mit dieser Form des Lauftrainings beginnen und Rücksicht auf die lange körperliche Entwicklungszeit nehmen. Mit kürzeren Ausritten darf frühestens mit einem Jahr, besser eineinhalb Jahren begonnen werden. Längere Touren sind dem Trainingszustand des Hundes anzupassen. Einmal daran gewöhnt sind stundenlange Ausritte, gar mehrtägige Wanderungen kein Problem. Dies setzt natürlich voraus, dass der Ridgeback auch ohne Leine im guten Grundgehorsam steht und der Jagdtrieb gut kontrolliert werden kann. Ungeübten Reitern und/oder Hundeanfängern ist davon abzuraten – Ross und Ridgeback gleichzeitig zu kontrollieren will gelernt sein. Leider haben nur wenige Ridgeback-Besitzer die Möglichkeiten, Reitspaß und die Beschäftigung mit dem Hund zu kombinieren. Eine gute Alternative ist das Laufen am Fahrrad. Fast alle Ridgeback-Halter nutzen es, um dem Laufbedürfnis ihrer Hunde bezüglich ihres Tempos und des Bewegungsbedarfs nachzukommen. Dabei gilt für den Trainingsaufbau und die Wegstrecke das Gleiche wie für das Laufen am Pferd.

Weniger geeignet: Der Rhodesian Ridgeback als Schutz- und Polizeihund

Für den Einsatz als Personenschutz- und Wachbegleithund ist der Rhodesian Ridgeback definitiv nicht geeignet. Zwar bringt er alle körperlichen Voraussetzungen für einen solchen Ver-

Nicht nur ein Reitbegleithund sollte die Kommandos Sitz, Platz und Fuß sicher beherrschen. Dikiti, Juba und Banjolo zeigen, wie es geht. (Foto: Marcinowski)

wendungszweck mit und scheint auf den ersten Blick ideal, die Besonderheiten seines Wesens stehen jedoch den Anforderungen im Wege. Der Ridgeback hat eine sehr hohe Reizschwelle; ihn aus der Reserve zu locken, ist wesentlich schwieriger als bei anderen Rassen. Auch über das Spielverhalten lässt sich der Ridgeback für eine Schutzhundausbildung nur schwer motivieren. Mögen andere Hunde den Ärmel als Beute und Belohnung akzeptieren, der Ridgeback lässt sich davon nur schwer überzeugen. Auch aus wirtschaftlicher Sicht ist der Ridgeback für einen Einsatz als Schutzhund wenig interessant; die körperliche Entwicklung dauert lange, die Ausbildung kann erst recht spät beginnen und ist aufgrund der mangelnden Triebigkeit mühsamer, dauert wesentlich länger und ist weniger verlässlich.

Die südafrikanische Polizei hat ihre Bestrebungen, den Rhodesian Ridgeback als Schutzhund einzuführen, wieder aufgegeben. Privatpersonen, die beabsichtigen einen Ridgeback im Schutzdienst für sportliche Zwecke auszubilden, sollten deshalb gar nicht erst damit beginnen. Es gibt genügend Gebrauchshunderassen, die für diesen Zweck wesentlich besser geeignet sind.

Für große Hunde sollte ein Agility Parcours nicht zu eng gesteckt sein. (Foto: Marcinowski)

Hundesport mit dem Rhodesian Ridgeback

Auch wenn das Verhalten der Hunde in der häuslichen Umgebung eher behäbig erscheint, hat der Ridgeback sehr viel Energie, die er einsetzen will und muss. Deshalb ist der Ridgeback ganz und gar kein Hund für Menschen, die ihre Freizeit am liebsten in einem bequemen Sessel verbringen. Der Ridgeback will aktiv sein, und da ihm eine Reihe von Hundesportarten sehr wohl liegt, bieten diese eine gute Möglichkeit, den Hund zu fordern und auszulasten.

Agility

Zu den populärsten Hundesportarten gehört gewiss Agility, eine Sportart, bei der der Hund zusammen mit dem Besitzer seine Schnelligkeit und Wendigkeit auf einem Hindernis- und Geschicklichkeitsparcours unter Beweis stellen muss. Diese Form des Hundessports kommt vor allem Familienhundebesitzern entgegen, da eine enge Bindung zwischen Hundeführer und Hund eine notwendige Voraussetzung ist. Das Training und die Ausbildung erfolgen spielerisch und sind

Beim Agility und Mobility ist es wichtig, seinen Hund früh an die Parcoursgeräte zu gewöhnen. (Foto: Marcinowski)

frei von jeglicher Aggression. Gewöhnlich sind Kurse auf Hundeplätzen von Vereinen nicht rassegebunden und sogar Mischlingen zugänglich. Für die Teilnahme am Turniersport und für internationale Wettkämpfe werden jedoch nur FCI-anerkannte Rassehunde mit bestandener VDH-Begleithundeprüfung zugelassen.

Viele Ridgeback-Besitzer schätzen Agility als Möglichkeit, mit ihrem Hund zu arbeiten und ihn zu beschäftigen. Allerdings muss auch hier erst einmal eine Motivation geschaffen und gegebenenfalls die natürliche Zurückhaltung gegenüber den Parcoursgeräten und den Hindernissen überwunden werden. Sind diese aber erst einmal bekannt und die Übungen begriffen, steht dem Sportvergnügen nichts mehr im Wege. Es gibt einige Rhodesian Ridgebacks, die sehr erfolgreich im Turniersport agieren, auch wenn für große Hunde ein eng gesteckter Parcours weniger vorteilhaft ist. Auf größeren Plätzen sowie bei längeren Hindernisstrecken kommt die Geschwindigkeit und Ausdauer des Ridgebacks mehr zum Tragen.

Mobility

Eine etwas „entschärfte“ Variante des Agility ist das Mobility. Die Übungen und die Hindernisse sind zwar sehr ähnlich, dieser Sportart wurde jedoch der Leistungsdruck genommen, da der Parcours nicht auf Zeit durchlaufen werden muss. Vielmehr wird auf die korrekte Ausführung der verschiedenen Übungen abgezielt. Beim Mobility herrscht weniger Wettkampfatmosphäre und auch behäbigere Zeitgenossen kommen zum Zuge. Den Hunden macht diese Art der Beschäftigung ebenso viel Spaß und ist besonders für weniger ehrgeizige Menschen und Anfänger zu empfehlen.

Auf der Laufstrecke ist der Ridgeback so richtig in seinem Element. Hündin Boma fliegt sogar über die Wiese. (Foto: Möller)

Rennen und Coursing

Ebenfalls eine gute Methode seinen Hund zu beschäftigen und auszulasten, ist die Teilnahme an Hunderennen. Einst den Windhunden vorbehalten und als echte Wettkampfsportart stark reglementiert, entdecken immer mehr Hundehalter diesen Weg, dem Laufbedürfnis ihrer Hunde gerecht zu werden. Leider ist diese Sportart ortsgebunden und an hohen technischen Aufwand gekoppelt. Die Rennanlagen, zumeist Gras-, weniger Sandbahnen, werden von Windhundvereinen betrieben, die sich nur zögerlich für Hunde anderer Rassen öffnen. Trotzdem, mit etwas gutem Willen, Interesse und Beharrlichkeit erhält man die Möglichkeit, seinen Hund auf der Bahn am „Hasen“ zu versuchen. Nicht-Windhunde starten dabei nicht aus den Boxen heraus, laufen ohne Maulkorb und in geschlossenen Rassegruppen.

Eine spezielle Vorbereitung oder ein Training benötigt der Rhodesian Ridgeback nicht. Als Sicht- und Hetzjäger verfolgt er die vermeintliche Beute instinktiv und kann bis an seine Leistungsgrenzen geführt werden. Auch untrainierte Rhodesian Ridgebacks erzielen dabei beachtliche Zeiten, die sich durchaus mit denen von Afghanen vergleichen lassen.

Eine Sonderform des Hunderennens ist das Coursing. Hierbei wird der Hase nicht auf einer ebenen Bahn, sondern durch natürliches Gelände mit Hindernissen, wie Hecken und Gräben gezogen und sogar Richtungswechsel sind vorgesehen.

Wie hier im Schnee oder im Sommer auf dem Gras querfeldein zu laufen, liegt dem Ridgeback ganz besonders. Das Coursing kommt ihm dehalb eher entgegen, als das Laufen auf einer Bahn. (Foto: Möller)

Diese Form des Hunderennens kommt wohl unserem Ridgeback am weitesten entgegen, da sie seinem natürlichen Jagdverhalten entspricht. Coursing wird aber leider nur sehr selten angeboten.

Obedience

Wie schon erwähnt, liegt dem Ridgeback der auf vielen Hundeplätzen übliche Drill gar nicht. Ganz gleich ob man mangelnde Zackigkeit und Verweigerung von blindem Gehorsam nun als besonderen Ausdruck von Intelligenz und Würde oder als Starrsinnigkeit und Dummheit bezeichnet, ein guter Grundgehorsam muss trotzdem von jedem Ridgeback verlangt werden. Eine konsequente und verlässliche Erziehung ist für einen Hund in dieser Größe unumgänglich. Erfahrungsgemäß sind Erziehungsmethoden mit viel Geduld und wenig Druck beim Ridgeback Erfolg versprechender. Mit Belohnung (Leckerchen) lässt sich beim Ridgeback sehr viel erreichen, und viele Tiere reagieren auf die leisen Töne erheblich besser als auf einen scharfen Kommandoton. Sehr viele mir bekannte Ridgebacks verhalten sich auf Tadel durch ihren Besitzer sehr sensibel, nur wenige Ridgebacks benötigen die berühmt-berüchtigte starke Hand.

Entscheidend ist eine konsequente Erziehung, außerdem muss sich der Hund auf seinen Menschen als souveränen und kompetenten Rudelführer verlassen können. Immer mehr Erziehungsmethoden tragen diesem veränderten Verständnis von Hundeerziehung Rechnung, und auch im Hundesport ist Obedience eine anerkannte Turniersportart. Beim Obedience zählen auch, wie bei den klassischen Formen der Unterordnung, die akkurate und verlässliche Ausführung von Kommandos, jedoch wird mehr Wert auf die Zusammenarbeit des Teams als auf bedingungslosen Drill gelegt.

Aufmerksam wartet dieser Rhodesian Ridgeback auf seinen Einsatz. Teamwork statt Drill ist dabei Voraussetzung. (Foto: Marcinowski)

(Foto: Möller)

Harmonisches Zusammenleben

Wie bei der Aktivität muss beim Ridgeback sehr stark zwischen dem Verhalten in häuslicher Umgebung sowie zu „Rudelmitgliedern" und dem Verhalten nach außen hin unterschieden werden.

Der Rhodesian Ridgeback im Umgang mit anderen Tieren

Häufig wird danach gefragt, ob das Zusammenleben mit anderen Tierarten möglich ist oder wie verträglich der Ridgeback mit bereits im Haushalt lebenden Katzen sei. Gewöhnlich stellt dieses keine Probleme dar. Hierbei ist weniger entscheidend, um welche Spezies es sich handelt, sondern inwieweit die Akzeptanz für die „Rudelzugehörigkeit" besteht, beziehungsweise wie diese dem Hund vermittelt werden kann. Besonders unproblematisch ist die Zusammenführung eines Welpen mit bereits vorhandenen Tieren anderer Arten, insbesondere dann, wenn diese ohne Scheu und gegebenenfalls selbst wehrhaft genug sind, um einen zu aufdringlichen Welpen in die Schranken zu verweisen.

Katzen verstehen diese Grenzziehung gewöhnlich sehr gut zu vermitteln und Welpen, die diese früh gelernt haben, behalten diesen Respekt oder die Toleranz gewöhnlich auch als erwachsener Hund bei. Sind die Tiere weniger in der Lage sich eigenständig durchzusetzen, oder könnte selbst ein Welpe, wenn auch nur im Spiel, diesen gefährlich werden, so empfiehlt es sich bereits bei den ersten Begegnungen dem Welpen zu vermitteln, was erlaubt ist und was nicht. Hierbei ist die natürliche Scheu und Vorsicht eines Welpen gegenüber Neuem sehr hilfreich, noch bevor die Neugier überwiegt und der Welpe genügend Mut gesammelt hat, das „Dingsda" näher zu untersuchen. Gleiches gilt für das Kennenlernen von sehr

Gemütliche Gesellschaft: Welpen kann man meist besonders unproblematisch mit anderen Tieren zusammenführen. (Foto: Obschernicat)

„Wie Hund und Katz'" kann auch so gut gehen, wie bei Ridgeback Siepho mit seinem Freund Garfield. (Foto: Obschernicat)

großen Tieren, die andersherum dem Welpen gefährlich werden könnten.

Sind erst einmal die Grenzen abgesteckt, läuft das Zusammenleben sehr unproblematisch und harmonisch. Die Zugehörigkeit anders aussehender Rudelmitglieder wird vom Hund akzeptiert oder zumindest toleriert. Ob aus dieser Beziehung eine innige, auch nach außen gezeigte Freundschaft oder ein konsequentes Nichtbeachten wird, ist sehr unterschiedlich und hängt sehr stark von den Bedürfnissen und dem Verhalten des Gegenübers ab. Etwas problematischer als die Integration eines Welpen in bestehende Strukturen, ist die Zusammenführung eines bereits im Haushalt lebenden erwachsenen Ridgebacks mit „Neuzugängen anderer Spezies". Hier gilt es, dem Hund klarzumachen, dass der Neuzugang kein Eindringling ist, von dem eine Gefahr ausgeht.

Bei kleinen Tieren dürfen diese nicht als willkommene „Beutemitbringsel" betrachtet werden. Sehr entscheidend hierbei ist das Verhalten des Neuzugangs. Besteht die Gefahr, dass dieser fortläuft oder wegrennt, ganz gleich ob aus Furcht oder nicht, wird dieses Verhalten als Flucht interpretiert und zeitgleich dem Gegenüber der Stempel „Beute" aufgedrückt. In diesen Fällen ist aufgrund des ausgeprägten Jagd- und Hetztriebs des Ridgebacks Vorsicht geboten. In unserem eigenen Haushalt leben derzeit acht Ridgebacks mit vier Katzen zusammen. Teils sind die Katzen, teils die Hunde zu der bestehenden Gemeinschaft

Selbst beinahe „Außerirdische" wie dieser Fuchs werden in der Gruppe akzeptiert. (Foto: Obschernicat)

gestoßen. Selbst einen Fuchs, der uns als Findling gebracht wurde, konnten wir ohne Probleme integrieren, obwohl zugegebenerweise das Tier als erwachsene Fähe ihrerseits wenig Interesse an einem Rudelleben hatte.

So harmonisch das Zusammenleben von Hund, Katze oder Kaninchen innerhalb des Rudels oder besser in der häuslichen Umgebung auch laufen mag, so gilt dies nicht für Begegnungen gegenüber fremden Tieren. Auch wenn diese der gleichen Art angehören, ist insbesondere außerhalb der gewohnten Umgebung Vorsicht geboten. Sicherlich wird der Hund erkennen, um welche Spezies es sich bei dem Gegenüber handelt, und ist mit dieser vertraut, kennt aber auch deren Stärken und Schwächen. Der Ridgeback hat kein Problem damit, stundenlang mit der eigenen Katze zu Hause auf dem Sofa zu kuscheln und beim nächsten Spaziergang den Artgenossen seines besten Freundes erbarmungslos zu hetzen und womöglich sogar zu fressen, wenn er die Gelegenheit bekommt.

Als Zweithund oder im Rudel

Eine weitere, häufig gestellte Frage ist die nach dem Ridgeback als Zweithund oder die, ab welchem Alter zu einem Ridgeback ein zweiter Hund gesellt werden kann.

Prinzipiell ist der Ridgeback, wie jeder Hund, ein Rudeltier und naturgemäß „gesellschaftsfähig". Trotzdem sollte die Anschaffung eines weiteren Hundes immer sehr gut überlegt sein. Das Zusammenleben mit mehreren Vierbeinern bedeutet immer einen Wandel, sowohl in der Beziehung zwischen Hund und Mensch innerhalb der Gemeinschaft als auch nach außen hin. Einzelhundbesitzer berichten zumeist voller Stolz von Beweisen einer engen Bindung zwischen ihnen und ihrem vierbeinigen Gefährten und genießen deren bedingungslose Zuwendung. Werden aber mehrere Hunde im Haushalt gehalten, orientiert sich der einzelne Hund immer in größerem Maße an den vierbeinigen Rudelmitgliedern. Die Bindung zum Zweibeiner wird lockerer und der ehemalige Einzelhundbesitzer muss erkennen, dass seine bisherige Beziehung doch nur eine Art Ersatzverhältnis für den Hund war. Er wird mehr und mehr in die Rolle des „Rudelführers" rücken, während so etwas wie Partnerschaft die Hunde eher unter sich ausleben. Auch das Verhalten nach außen hin verändert sich, das Selbstbewusstsein wird stärker und das Rudelverhalten deutlicher. Bei gemischten Rudeln kommt hinzu, dass bei allen Begegnungen mit anderen Hunden immer einer der eigenen Hunde dem Gegenüber gleichgeschlechtlich ist. Dieser wird wenig erfreut sein, auch, wenn sein Hundekollege vom Gegenüber angetan ist. Der „Rüden-Hündinnen-Bonus" geht eindeutig verloren. In jedem Fall bedarf die Funktion als kompetenter Rudelführer erheblich mehr Aufmerksamkeit und Kontrolle als bei der Einzelhundehaltung und letztlich sind die tatsächlichen Führungsqualitäten des Zweibeiners gefragt.

Damit es ein so harmonisches Miteinander geben kann, muss der Hund schon als Welpe eine gute Sozialisation erfahren haben. Hier beim Ye Japha Treffen. (Foto: Obschernicat)

Auch wenn es gefährlich aussieht: Drohgebärden gehören zum Sprachschatz und helfen, Konflikte zu vermeiden. (Foto: Möller)

Die Integration eines Welpen zu einem bereits erwachsenen Hund, ganz gleich welcher Rasse, stellt gewöhnlich keine Probleme dar – zumindest gilt dies aus Sicht des Welpen. Eine eventuelle anfängliche Zurückweisung durch den Althund beantwortet der Welpe mit ausgesprochener Hartnäckigkeit und Ausdauer und spätestens nach wenigen Tagen hat der Althund es aufgegeben, den Plagegeist permanent zurückzuweisen. Dass dabei der Althund auch erzieherisch wirkt, ist vorteilhaft und sollte in Maßen, vom Besitzer toleriert werden. Die so gewonnene „Rangordnung“ wird normalerweise fast lebenslang beibehalten, selbst wenn der Ridgeback dem Althund später körperlich weit überlegen sein sollte. Autorität ist bei Hunden keine Frage der Größe, sondern wird über die Ausstrahlung, also über die gezeigte Souveränität und Selbstsicherheit vermittelt.

Die Erziehung ist häufig einfacher als beim Ersthund, da sich der Welpe viel von seinem vierbeinigen Leittier abschaut. Dies gilt jedoch auch für Unarten, sodass es immer ratsam ist, über die Anschaffung eines Zweithundes erst nachzudenken, wenn die Erziehung und der Gehorsam des ersten Hundes sicher sitzen. Für den Entschluss sich einen zweiten Ridgeback zu halten, bedeutet dies, dass man frühestens mit eineinhalb bis zwei Jahren über einen Zweithund nachdenken sollte. Häufig werden das Verhalten und der Erziehungserfolg eines älteren Tieres durch die Anschaffung eines Welpen wieder hinuntergezogen. Sogar Unarten, von denen man glaubte, sie seien schon lange abgelegt, brechen unvermittelt wieder durch. Von der Anschaffung zweier gleich alter Tiere ist grundsätzlich abzuraten. Die zeitgleiche Erziehung von zwei Welpen ist mehr als doppelt schwer, insbesondere wenn keine weiteren vierbeinigen Erzieher dafür sorgen, dem „Dreamteam" zu zeigen, wo es langgeht. Die Vergesellschaftung zweier erwachsener Tiere kann problematisch sein und sollte ganz besonders bedacht werden. Fehlt die natürliche Rangfolge über den Altersunterschied, hängt es stark vom Charakter der Tiere und deren Willen ab, eine bestimmte Position innerhalb der Hierarchie des Rudels zu erlangen. Gewiss ist auch dies möglich, erfordert aber vom Halter besonders viel Führungsqualitäten und ein sicheres Gespür für das Verhältnis der Hunde untereinander.

Ebenfalls schwierig kann die Integration eines Rüdenwelpen oder Jungrüden zu einer oder gar mehreren, bereits erwachsenen Hündinnen sein. Zwar funktioniert das Zusammenleben innerhalb der Gruppe meist absolut problemlos, der Rüde

Schau genau hin: Die Kleinen lernen von den Großen. (Foto: Marcinowski)

Das Rudel steht und fällt mit der Souveränität der Leittiere. Rüde Siepho lässt keinen Zweifel aufkommen, dass er für die Rolle des Leithundes geboren wurde. (Foto: Obschernicat)

wird jedoch sehr schnell in eine „Pseudo-Alpha-Position" unter den Vierbeinern gehoben oder gedrängt, der er als unerfahrener Junghund noch nicht gewachsen ist und auch nicht gewachsen sein kann. Diese noch nicht standesgemäße Aufwertung führt dann häufig in Problemsituationen zu überzogenen Reaktionen und Verhaltenweisen, die mit etwas mehr Souveränität und Selbstsicherheit von einem gestandenen Rüden anders gelöst worden wären.

Gleiches gilt für einen Jungrüden, dem zu früh eine Partnerin zur Seite gestellt wird. Die Gefahr einer diesbezüglichen Überforderung besteht beim Ridgeback aufgrund seiner langsamen mentalen Entwicklung und langen Reifezeit sehr

Nach außen hin eins, gelten im Hunderudel feine Spielregeln, die ein gemeinsames Leben erst ermöglichen. (Foto: Obschernicat)

Ungeschriebene Gesetze im Hunderudel sind für Zweibeiner nicht immer klar erkennbar, sollten aber unbedingt berücksichtigt werden. (Foto: Möller)

schnell und lange. In beiden Fällen sind Konflikte außerhalb des Rudels vorprogrammiert, während das Zusammenleben innerhalb es Rudels kaum Probleme bereitet. Dies ändert sich ganz erheblich, wenn drei oder mehr Hunde in einem Haushalt gehalten werden. Hier gilt es, die von den Hunden selbst geschaffenen Hierarchien und Strukturen sehr genau im Auge zu behalten, insbesondere wenn es sich um ein gemischtes Rudel handelt und jeweils mehr als zwei Tiere des gleichen Geschlechts zusammenleben. Während die Position der Leittiere beider Geschlechter zumeist unangefochten akzeptiert wird und nur sehr selten „Palastrevolutionen" angezettelt werden, entspricht die Rangfolge der anderen Mitglieder des Rudels, entgegen der landläufigen Meinung, nicht einer sturen Abfolge. Hier wechseln, vom Halter oftmals unbemerkt, die Positionen häufiger und sind teilweise sogar situationsabhängig. Auch ist es möglich, dass sich innerhalb des Rudels kleinere Gruppen mit ganz eigenen Strukturen bilden und deutliche Allianzen zwischen einzelnen Tieren geschmiedet werden.

Das Rudelverhalten ist äußerst komplex und das friedliche Zusammenleben hängt sehr stark von den Führungsfähigkeiten der vierbeinigen und zweibeinigen Leittiere ab. Niemandem sei geraten, sich ohne entsprechendes Wissen in ein solches Abenteuer zu stürzen, vor allem, wenn er die feinen Strukturen innerhalb des Rudels nicht erkennt oder glaubt, die selbst gegebene Ordnung unter den Hunden von seiner menschlichen Sichtweise ausgehend abändern zu können.

Schließlich ist der Zeitaufwand immens und sofern man nicht sein halbes oder gar ganzes Leben den Hunden widmen möchte oder kann, sollte man es bei zwei, maximal drei Ridgebacks belassen. Gleichgeschlechtliche Paare mit deutlichem Alterunterschied oder die Vergesellschaftung eines gestandenen Rüden mit einer Hündin sind dabei eindeutig zu bevorzugen und bereiten erfahrungsgemäß die wenigsten Probleme.

Rhodesian Ridgebacks sind auch im Alter oft noch sehr aktiv. (Fotos: Möller)

Der ältere Rhodesian Ridgeback

Im Allgemeinen gilt der Rhodesian Ridgeback als recht langlebig – genaue Erhebungen gibt es hierzu jedoch leider nicht. Viele Ridgebacks werden weit über zehn Jahre alt, oft sogar über zwölf und in Einzelfällen auch über 14 Jahre alt, was für einen Hund dieser Größe recht ungewöhnlich ist. Neben dem sichtbaren Ergrauen setzt mit gestiegenem Alter, meist ab acht bis neun Jahren, auch der natürliche Verfall ein. Das Hör- und Sehvermögen nimmt ab und auch die Bemuskelung schwindet, was vor allem am Kopf im Bereich der Schläfen zu erkennen ist. Altersbedingte Verschleißerscheinungen des Bewegungsapparates, insbesondere der Gelenke und des Herz-Kreislauf-Systems stellen sich ein, fordern ihren Tribut und sollten gegebenenfalls tierärztlich behandelt werden. Erstaunlicherweise scheinen die geistigen Fähigkeiten kaum unter dem Alter zu leiden. Zwar werden ältere Ridgebacks ruhiger,

Anzeichen wunderlichen Verhaltens oder gar Senilität werden selten beobachtet. Auch Alttiere wollen laufen und jagen, wenngleich die körperlichen Voraussetzungen dafür schwinden. Hier gilt es, als Besitzer ein verantwortungsvolles Maß zu finden, das einerseits dem Tier noch gerecht wird, andererseits dieses aber nicht überfordert.

Häufig geäußerte Bedenken, einem älteren Ridgeback noch die Anschaffung eines Welpen zuzumuten, kann ich nicht unterstreichen – ganz im Gegenteil. Nach aller Erfahrung blühen Alttiere sogar wieder auf, scheinen es zu genießen, ihr Wissen und ihre Erfahrung an den Nachwuchs weitergeben zu können. Berechtigte Sorgen, ein Welpe könne das Alttier körperlich überfordern, sind in der Praxis unbegründet, da auch ein Alttier es versteht, sich Respekt bei allzu aufdringlichen Welpen zu verschaffen.

Der Rhodesian Ridgeback begleitet seinen Besitzer oft zehn Jahre und länger (Foto: Möller)

(Foto: Marcinowski)

Für wen eignet sich der Rhodesian Ridgeback

Heute ist der Wunsch, einen Rhodesian Ridgeback zu besitzen, bei vielen Menschen geweckt, und dementsprechend groß ist auch das Angebot. Leider werden dabei von Züchterseite auch Wünsche erfüllt, die sich im Nachhinein als vorschnell und unüberlegt erweisen.

Grundsätzliche Überlegungen

Die Anschaffung eines Hundes sollte immer gut bedacht sein, insbesondere wenn es sich um einen großen Hund handelt.

Immerhin begleitet ein Rhodesian Ridgeback seinen Halter gut zehn, häufig zwölf und mehr Jahre und stellt lebenslang gewisse Ansprüche an Zeit, Aufwendungen für Haltung und Pflege, Futter, tierärztliche Betreuung, Versicherung und Steuer. In Zahlen bedeutet dies, täglich mindestens zwei bis drei Stunden bei jedem Wetter, auch im Herbst und Winter, spazieren zu gehen. Eine halbe bis eine Stunde kommen für Pflege und Fütterung hinzu. Diese Zeiten beinhalten noch nicht den Zeitaufwand für Erziehung, Spiel und Streicheleinheiten.

Finanziell muss man mindestens 100 Euro monatlich für die unmittelbaren Belange des Hundes einkalkulieren. Je nach Versicherungsgesellschaft, Gemeinde und Rasse kann sich dieser Betrag allein durch die Prämien für die Haftpflichtversicherung und die Hundesteuer leicht verdoppeln. Extraaufwendungen für Hundeplatz, Übungsstunden, Meldegeld für Ausstellungen und Wettkämpfe sowie Fahrtkosten sind hierin noch nicht enthalten – von Aufschlägen bei Urlaubsbuchungen, Kosten für Pensionsaufenthalte sowie Reserven für eventuelle Tierarztkosten bei Krankheit oder Unfall Ihres Lieblings ganz zu schweigen. Dazu kommen die versteckten Mehraufwendungen: ein größeres Auto, möglichst ein Kombi, wird erforderlich, womöglich eine größere Wohnung, am besten Parterre und mit Garten. In der Praxis erlauben diese Ausgaben durchaus den Unterhalt eines Mittelklassewagens oder die Ausübung eines eher kostspieligen Hobbys.

Monatliche Ausgaben von 150 bis 250 Euro sind bei Rhodesian Ridgeback-Haltern keine Seltenheit. Ein Betrag in Höhe der im Allgemeinen recht hohen Anschaffungskosten für den Welpen wird jährlich und wiederkehrend fällig. Man sollte sehr genau prüfen, ob die derzeitige und zukünftige Situation die Haltung eines Hundes zulässt.

Besondere Hunde mit besonderen Ansprüchen

Wie hoffentlich klar geworden ist, ist ein Ridgeback für eine Zwingerhaltung, auch bei noch so viel Zuneigung und regelmäßiger Beschäftigung, nicht geeignet, von sogenannter Hof- und Gartenhaltung oder gar Kettenhaltung wollen wir hier gar nicht erst reden. Ist man also in der Lage und auch bereit, seinen Hund permanent um sich zu haben oder ihm ständigen Familienanschluss zu bieten? Bringt man die notwendige Geduld auf, insbesondere in den ersten zwei Jahren, die langsame Entwicklung seines Ridgeback zu tolerieren und besitzt man andererseits die geforderte Konsequenz und das notwendige Durchsetzungsvermögen? Ist man gewillt, einige Beson-

Rhodesian Ridgebacks fühlen sich besonders wohl, wenn sie möglichst überall dabei sein können. (Foto: Obschernicat)

derheiten und Wesenszüge des Ridgebacks als gegeben hinzunehmen? Ist man wirklich nicht bestrebt, einen Ridgeback zu einem deutschen Schäferhund oder Border Collie umzuerziehen?

Erst wenn Sie all diese Fragen eindeutig mit Ja beantwortet haben, sollten Sie über die Anschaffung eines Rhodesian Ridgebacks weiter nachdenken.

Der Rhodesian Ridgeback passt zu Haltern und Familien mit weitgehend geregeltem und konstantem Tagesablauf, die die Möglichkeit haben, einen Hund als ständigen Begleiter zu Hause und – bei Alleinstehenden – möglichst auch in der Arbeit bei sich zu haben.

Der Ridgeback passt zu Menschen, die nicht erwarten, von ihrem Hund unterhalten zu werden und die auch keine Beschäftigungshilfe für ihre Kinder suchen. Geltungsbedürfnis gepaart mit Selbstüberschätzung ist gewiss der schlechteste Ratgeber bei der Wahl für einen Rhodesian Ridgeback.

Fehler erlaubt?

Aufgrund der sehr strengen Zucht- und Standardvorgaben fallen in einem Wurf neben korrekten Welpen regelmäßig auch sogenannte inkorrekte Welpen. Fehlerfreie Würfe sind selten und im Mittel sind ein Drittel aller Welpen nicht standardgemäß. Diese Welpen erhalten zwar ganz reguläre Papiere, werden jedoch bereits bei der Wurfabnahme per Eintrag von jeder Zucht innerhalb des VDH und FCI ausgeschlossen. Diese Tiere werden gewöhnlich für zwei Drittel des regulären Welpenpreises abgegeben und stellen für zukünftige Halter ohne Zucht- und Ausstellungsambitionen eine gute Alternative dar, denn auf das Wesen eines Hundes hat ein äußerlicher Schönheitsfehler schließlich keinen Einfluss.

Zumeist handelt es sich bei den festgestellten Fehlern um Abweichungen vom Standard, die nicht gesundheitsrelevant sind. Am häufigsten sind dabei Fehler im Ridge, wie Ein- und Halbkroner, Drei- oder Mehrkroner, Hunde mit versetzten Crowns und gelegentlichen Farbfehlern wie zu viel Weiß. Daneben werden immer wieder Hunde mit völlig fehlendem Ridge, sogenannte Ridgelose, geboren. Die Häufigkeit dieses

Ein süßer Welpe darf nicht der einzige Grund für die Anschaffung eines Hundes sein. (Foto: Obschernicat)

zuchtausschließenden Fehlers liegt bei etwa acht Prozent aller gefallenen Welpen – aktuelle Tendenz steigend. Ob diese „Ridgelosen" als echte Ridgebacks akzeptiert werden, soll jeder selbst entscheiden; Fakt ist, dass derartige Tiere in aller Regel sehr günstig zu erwerben sind.

Relativ häufig treten als Fehler auch Rutenanomalien wie zum Beispiel Blockbildung und Knickruten auf. Beides hat gewöhnlich keine gesundheitliche Relevanz und ist zumeist äußerlich nicht oder nur andeutungsweise sichtbar.

Als Besonderheit seien noch sogenannte „Sinuswelpen" oder „DS-Welpen" als Inkorrekte erwähnt. Bei diesen Tieren findet sich eine angeborene Hautanomalie oder Hautmissbildung, die unbehandelt sehr wohl gesundheitliche Beeinträchtigungen mit sich bringen kann. Glücklicherweise lassen sich diese lokalen Hautmissbildungen von Geburt an diagnostizieren und können durch operatives Entfernen endgültig und ohne Nachteil für das weitere Leben des Hundes behoben werden (siehe auch Kapitel Gesundheit).

(Foto: Marcinowski)

Woher bekommt man seinen Welpen?

Genauso sorgsam, wie der Entschluss, sich einen Ridgeback zuzulegen, bedacht werden muss, sollte die Züchterwahl erfolgen. Den richtigen Züchter zu finden, gestaltet sich oftmals schwierig und bedarf viel Zeit.

Welpenkauf und Züchterwahl

Ist einmal die Wahl auf den Rhodesian Ridgeback gefallen, gilt es für den Welpenkäufer, einen geeigneten und guten Züchter zu finden. Das Angebot an Ridgeback-Welpen ist groß und wird stetig größer.

Fast täglich werden in Annoncen irgendwo irgendwelche Welpen angeboten. Die Angebote liegen preislich häufig weit unter denen für VDH-gezogene Welpen, sagen jedoch recht wenig über die Qualität der Elterntiere, der Zuchtstätte und Welpenaufzucht oder des Züchters aus. Die Kardinalfrage, die sich einem Welpenkäufer immer wieder stellt: Woran erkenne ich einen guten Züchter? Leider sind viel zitierte Checklisten für Welpenkäufer mit Fragen wie „Haben die Elterntiere Papiere?", „Sind die Elterntiere geröntgt?", „Wie viele Rassen züchtet der Züchter?", „Wie groß, wie liebevoll und welpengerecht eingerichtet ist der Welpenauslauf?" meistens wenig hilfreich und trennen nur die grobe Spreu vom Weizen. Generell gilt, dass der Gesamteindruck stimmen muss. Am besten sollten Welpeninteressenten vor einer Welpenzusage mehrere Züchter besucht haben. Nur so können sie sich ein Bild davon machen, was einen guten Züchter ausmacht und Vergleiche ziehen.

Ratsam ist sicherlich auch der Besuch von VDH-Züchtern, mit denen man über die Anschaffung eines Welpen sprechen sollte. Das VDH-Zuchtgeschehen unterliegt besonders strengen Richtlinien. Die Zuchtstätten werden überprüft

Mit dem Welpenkauf übernimmt man Verantwortung. (Foto: Obschernicat)

Entscheidend für die Wahl des Züchters ist die Qualität seiner Welpenaufzucht, die sich unter anderem darin zeigt, dass die Welpen zum richtigen Zeitpunkt die Welt kennen lernen. (Foto: Obschernicat)

Bei der Wurfabnahme wird auch überprüft, ob die vorgeschriebenen Mindeststandards und die Aufzuchtbedingungen eingehalten werden. (Foto: Marcinowski)

und abgenommen und die Welpenaufzucht wird seitens der Vereine bis hin zur Wurfabnahme kontrolliert, sodass in jedem Fall vorgegebene Mindeststandards eingehalten werden. Ob ein Züchter dem VDH angehört, bleibt zu erfragen oder kann den Zuchtstättenlisten der VDH-Vereine entnommen werden.

Letztlich entscheidet die Sympathie zwischen Welpenkäufer und Züchter sowie der Eindruck, den man von den Elterntieren und Welpen gewonnen hat. In keinem Fall sollte der Welpenpreis oder die Entfernung zum Züchter die Grundlage für eine Züchterwahl sein. Besonders vorsichtig sollten kurz entschlossene Welpeninteressenten bei Angeboten sein, die „zur Abgabe bereite Welpen" offe-

Erst wenn die Welpen etwa fünf bis sechs Wochen alt sind, lassen sich erste Charakterzüge erkennen. (Foto: Obschernicat)

rieren. Nur in Ausnahmefällen liegen bei guten Züchtern zum Zeitpunkt der Welpenabgabe mehrere Welpen noch ohne Besitzer zur Wahl. In aller Regel existieren Warteliste und Reservierungen. Wartezeiten von einem Jahr und mehr sind zumindest bei VDH-Züchtern nicht selten.

Für einen guten Züchter und den richtigen Welpenkäufer sollte der Kontakt nicht mit der Welpenübergabe und dem obligatorischen Anruf nach ein oder zwei Wochen enden, sondern ein, hoffentlich langes, Hundeleben lang halten. Ein guter Züchter zeigt sich verantwortlich und interessiert für alle von ihm abgegebenen Hunde, unabhängig davon, wie alt diese inzwischen geworden sind. Er sollte sich als erste und kompetente Anlaufstelle bei allen Fragen eines Welpenkäufers erweisen.

Auch hier gilt der alte Spruch: „Drum prüfe, wer sich ewig bindet."

Import

In der Vergangenheit wurden immer wieder zahlreiche Rhodesian Ridgebacks aus dem Ausland nach Deutschland eingeführt. Züchterisch besonders interessant waren dabei Importe aus dem nicht kontinentaleuropäischen Ausland oder aus Übersee. Insbesondere Importe aus der Heimat, dem südlichen Afrika, meist aus der Republik Südafrika, waren beliebt. Häufig kamen die Importe auch aus den USA und seltener aus Australien und Neuseeland. Besonders einige Zuchtstätten in Südafrika nutzten die Gelegenheit, regelmäßig Welpen zu exportieren, und aufgrund ihrer Erfahrung in der Abwicklung war es für den Welpenkäufer sehr leicht, einen original südafrikanischen Ridgeback zu bekommen. Sofern der Welpenkäufer nichts gegen den Umstand hatte, den Züchter und die Zuchtsstätte nicht persönlich zu kennen und die Elterntiere oder den gesamten Wurf bestenfalls auf Bildern gesehen zu haben, war der Kauf auch wirtschaftlich interessant. Hinzu kam allerdings, dass er den Welpen nicht selbst (mit) ausgesucht hatte und auch keine Bedenken haben durfte, wenn der Welpe den Flug unbegleitet als Cargofracht überstehen musste. Ein so importierter Welpe kostete, aufgrund der sehr niedrigen Welpenpreise in Südafrika, als „Komplettpaket" nur unwesentlich mehr als ein hierzulande erstandenes Tier. Wem diese Versandhausmentalität zuwider war, der machte sich persönlich auf den Weg, Züchter, Zuchtstätte und Hunde in Augenschein zu nehmen. Zusammen mit dem Flugticket verdoppelte oder verdreifachte sich so der Kaufpreis für den Wunschwelpen sehr schnell.

Mit Änderung der EU-Einfuhrbestimmungen im Jahr 2004 sind die Möglichkeiten, einen Welpen aus nicht EU-Staaten in die Europäische Gemeinschaft zu importieren, sehr stark eingeschränkt worden. Demnach ist die Einfuhr von Tieren, die nicht gegen Tollwut geimpft wurden, in EU-Ländern nur noch aus Drittstaaten erlaubt, die als tollwutfrei gelten.

Für alle anderen Staaten, so auch Südafrika, wird generell für Importtiere eine Tollwutimpfung mit anschließender Titerbestimmung und Karenzzeit verlangt. In der Praxis bedeutet dies, dass ein Welpe, der nach Deutschland importiert

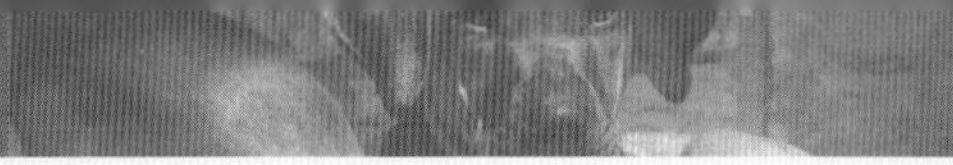

werden soll, selbst gegen Tollwut geimpft sein muss, was gewöhnlich frühestens mit elf Wochen erfolgen kann. Danach, jedoch frühestens dreißig Tage nach der Impfung, muss mittels einer Blutprobe ein ausreichender Tollwuttiter nachgewiesen werden. Erst dann kann der Hund, nach einer Karenzzeit von weiteren sechs Monaten, in die EU einreisen. Insgesamt ein sehr aufwendiges Verfahren und inzwischen ist der „Welpe" mindestens neun, eher zehn Monate alt.

Die neuen Vorschriften haben dazu geführt, dass Importe aus den traditionellen Ridgeback-Exportländern nahezu nicht mehr stattfinden. Wenn überhaupt werden nur noch Tiere aus anerkannt tollwutfreien Drittstaaten, wie Australien, eingeführt. Jedoch liegen die Welpenpreise in diesen Ländern, zumindest für zuchtfähige Tiere, ähnlich hoch wie bei uns, werden oftmals deutlich höher gehandelt als bei uns und auch die erheblichen Transportkosten schlagen zu Buche.

Umso interessanter wurde es in den letzten Jahren für Züchter und Welpeninteressenten, sich in anderen Ländern innerhalb der EU, insbesondere den bislang wenig beachteten Oststaaten, nach einem Welpen umzusehen. Gewiss eine sehr interessante Option – die Erfahrungen haben jedoch gezeigt, dass die Vorstellungen von Zucht und Welpenaufzucht oftmals nicht mit unseren gleichzusetzen sind: Häufig entspricht die Beurteilung der Welpen auf Fehlerfreiheit nicht den strengen Vorgaben in Deutschland und es bedarf sehr viel „Ridgeback-Sachverstands", einen korrekten Welpen aus einer guten Zucht mit interessanten Papieren zu finden.

Einem „Ridgeback-Neuling", ohne fachkundiger Unterstützung, ist in jedem Fall davon abzuraten. Generell gilt: Import ist riskant, zumindest riskanter als der Kauf hierzulande, und der Wunsch, einige hundert Euro zu sparen, sollte nicht die einzige Intention für einen Ridgeback aus dem Ausland sein.

Pflege und Gesundheit des Rhodesian Ridgebacks

Der Rhodesian Ridgeback zählt im Allgemeinen zu den rassegesunden und robusten Hunden. Auch der Pflegeaufwand ist eher gering. Trotzdem ist es wichtig zu wissen, worauf man bei Rhodesian Ridgebacks besonders achten sollte, damit sie ein langes und gesundes Leben führen können.

Getrost darf der Ridgeback als pflegeleicht, stabil und rassegesund bezeichnet werden, auch wenn in manchen Internetforen manchmal der Eindruck erweckt wird, dies sei nicht der Fall. Aus tierärztlicher Sicht gilt der Rhodesian Ridgeback, anders als viele Hunde anderer großer Rassen, als sehr gesund.

Die Pflege des Ridgebacks ist recht unproblematisch.

Das Fell bedarf außer gelegentlichem Bürsten keiner besonderen Pflege. Besonders angenehm fällt das kurze glatte Haarkleid nach ausgiebigem Toben im frisch gepflügten Acker auf. Auf dem Weg zum Auto oder nach Hause ist der Ridgeback schon wieder getrocknet, der lose Sand ist abgerieselt oder lässt sich leicht ausbürsten. Ansonsten beschränkt sich die Körperpflege auf gelegentliche Zahnsteinkontrolle und gegebenenfalls das Kürzen der Krallen. Darüber hinaus gelten die üblichen Hinweise und tierärztlichen Prophylaxe- und Routinemaßnahmen (jährlicher Gesundheitsscheck, Impfungen und Entwurmungen) wie für jeden anderen Hund auch.

Knochen und Gelenke

Erkrankungen des Knochensystems und der Gelenke sind selten. Die Situation bezüglich Hüftgelenkdysplasie ist überaus gut und wäre wünschenswert für viele andere Rassen. Alle VDH-Vereine schreiben eine entsprechende HD-Untersuchung für Zuchttiere zwingend vor. Nur selten müssen Auflagen für die Partnerwahl wegen weniger guter HD-Befunde ausgesprochen werden. Zuchtausschlüsse wegen schlechter HD-Befunde sind extreme Einzelfälle. Ähnliches gilt für andere degenerative Gelenkerkrankungen, wie OCD und ED, worauf die VDH-Vereine ihre Zuchttiere ebenfalls untersuchen lassen.

Allen Unkenrufen zum Trotz darf der Rhodesian Ridgeback getrost zu den knochen- und gelenkgesunden Rassen gezählt werden. Tierärztliche Erfahrungsberichte und Auswertungen von Befundstatistiken belegen dies. Trotzdem sollte während der Wachstumsphase darauf geachtet werden, dass Ihr Sprössling nicht durch übermäßiges Füttern oder zu hohe Eiweißgehalte im Welpenfutter zu schnell wächst oder, was noch problematischer wäre, zu schnell an Gewicht zunimmt. Gewichtszunahme, Muskelaufbau und Bewegung sollten, wie bei allen großen Rassen, der langsameren Knochenentwicklung angepasst werden.

Herz

Herzerkrankungen spielen beim Rhodesian Ridgeback ebenfalls eine nur untergeordnete Rolle. Die Häufigkeit von angeborenen Herzfehlern und erworbenen Cardiopathien, sprich Herzschäden, ist trotz seiner Größe gering. Sofern sie beobachtet werden, kann eine familiäre Disposition oder akutes Infektionsgeschehen nachgewiesen werden, eine Rassedisposition liegt nicht vor.

Schilddrüsenerkrankungen

Häufig werden in einigen Ridgeback-Kreisen Schilddrüsenleiden für Verhaltensprobleme verantwortlich gemacht und fragwürdige, sogar gefährliche bis lebensbedrohliche Substitutionstherapien empfohlen. Derartige Therapien sind ohne entsprechende Diagnosesicherung durch Laborkontrollen unverantwortlich und selbst bei Werten im unteren Normalbereich nicht angezeigt. Die bislang geltenden physiologischen Schilddrüsenwerte mussten nach jüngsten Untersuchungen für viele Rassen sogar nach unten korrigiert werden. Ein gehäuftes Auftreten von Schilddrüsenerkrankungen beim Rhodesian Ridgeback konnte nicht festgestellt werden und darf nicht, als für den Halter bequeme Erklärung von Haltungs- und Wesensproblem benutzt werden. Erfahrungen aus der tierärztlichen Praxis haben seit Langem gezeigt, dass keine Rassedisposition vorliegt.

Bluterkrankheit

In der jüngsten Zeit aufgetretene Fälle von Hämophilie B, oder auch Bluterkrankheit, von der, wie beim Menschen, klinisch vornehmlich männliche Nachkommen betroffen sind, verhält es sich ähnlich. Nach bisherigen Untersuchungen und Auswertungen liegt dieser rezessiven Erberkrankung eine familiäre Disposition zugrunde, die nur wenige Tiere aus begrenzten Zuchtlinien betrifft. Da sich durch geeignete Untersuchungen auch nicht erkrankte Genträger/-überträger mit hoher Wahrscheinlichkeit erkennen lassen, werden aktuell potenzielle Zuchttiere der DZRR aus diesen Linien daraufhin untersucht. Auch hier gibt es zum jetzigen Zeitpunkt keine Hinweise auf eine Rassedisposition oder ein größeres zuchthygienisches Populationsproblem.

Rassedisposition für Dermoid Sinus

Als einzige Erkrankung des Rhodesian Ridgeback mit nachgewiesener Rassedisposition muss der Dermoid Sinus erwähnt werden, bei dem es sich um eine erbliche Hemmungsmissbildung handelt, die in der frühen Embryonalentwicklung entsteht. Durch eine unzureichende Trennung des Neuralrohres vom übrigen Ektoderm kommt es zu einer schlauch- oder kanalförmigen Hauteinstülpung, deren Innenseite mit normalen Hautzellen, Haaranlagen und Haarbalgdrüsen ausgekleidet ist.

Exkurs über die Entstehung des Dermoid Sinus

Diese Missbildung darf nicht mit der Spina bifida, dem sogenannten offenen Rücken oder offener Wirbelsäule beim Menschen gleichgesetzt werden. Um deren Wesen und Entstehung verstehen zu können, bedarf es eines kleinen Exkurses in die Embryologie. Stark vereinfacht

Ein Dermoid Sinus entsteht schon lange bevor ein Welpe auf die Welt kommt. (Foto: Obschernicat)

geschieht nach der Befruchtung Folgendes: Durch permanente Zellteilung wächst aus der befruchteten Eizelle der frühe Embryo heran, der, umgeben von den späteren Fruchthüllen, im Innern einer Kugel randständig zu liegen kommt. Dieser sogenannte Embryoblast ist anfänglich scheibenförmig flach und besteht lediglich aus zwei übereinandergelegten Lagen gleichförmiger Zellen. Im Vorgang der sogenannten Keimblattbildung wandeln sich die Zellen der unteren Zelllage zum späteren Entoderm und die der oberen Lage zum späteren Ektoderm um, zwischen die sich durch kontinuierliche Zellteilung eine dritte Schicht von Zellen, die später das Mesoderm bilden, schiebt. Zeitgleich nimmt die anfänglich flache Keimscheibe eine längliche Form an und gewinnt mehr und mehr eine dreidimensionale Gestalt.

Die Zellen des Ento-, Meso- und Ektoderms verlieren zu diesem Zeitpunkt ihre Omnipotenz, das heißt, sie können sich nur noch zu bestimmten Strukturen und Organen weiterentwickeln. So entsteht aus der äußersten Schicht, dem Ektoderm, unter anderem die Haut, einschließlich den Haaren und Hautdrüsen, aber auch das Gehirn und Rückenmark. Somit sind diese embryonal eng mit den Strukturen der Haut verwandt, befinden sich jedoch später gut geschützt im Inneren und werden von Bildungen aus dem Mesoderm umgeben. Es bedarf also einer Wanderung – dieser Prozess wird Neurulation genannt. Dazu bildet das Ektoderm auf der Oberfläche, entlang der späteren Wirbelsäule, eine Rinne, die Neuralrinne, die immer tiefer wird und die als Neuralfurche weit in das mesodermale Gewebe dringt. Am unteren Ende der Furche bildet sich eine Röhre, das Neuralrohr, aus dem später das eigentliche Gehirn und Rückenmark entstehen, während sich die Seitenflächen der Furche aneinanderlegen. So entsteht eine Lamelle, ein Art „flächiger Stiel“, über die das Neuralrohr auf der gesamten Länge mit dem äußeren Ektoderm verbunden ist. Dieser „flächige Stiel“ hat keine Funktion mehr und muss nun zurückgebildet werden. Zeitgleich hat die Segmentierung begonnen, wodurch der Embryo in ringförmigen Abschnitten entlang der Längsachse unterteilt wird. Die so gebildeten Ursegmente bedingen später die Unterteilung der knöchernen Wirbelkette und der Muskulatur (beim Menschen heute noch zu erkennen beim viel gewünschten Waschbrettbauch) und zerteilen dabei auch den „flächigen Stiel“ des Neuralrohres in einzelne Abschnitte. In der Folge werden die einzelnen Abschnitte des „flächigen Stieles“ von vorn und hinten ausgehend immer weiter zurückgebildet beziehungsweise von mesochymalem Wachstum verdängt, sodass ein dünner Strang entsteht, der ähnlich einem Faden das äußere Ektoderm mit dem Neuralrohr verbindet. In einem letzten Schritt löst sich der Faden vom Neuralrohr und verkürzt sich bis zur „Oberfläche“, während das Neuralrohr von mesochymalenem Gewebe, vollständig umschlossen wird. Daraus entsteht später der knöcherne Wirbel und die Muskulatur. Diese gesamte Entwicklung, mit Bildung und Abschluss des Neuralrohres, ist bei Embryos von Säugetieren bereits mit 13 bis 19 Tagen nach der Befruchtung abgeschlossen – beim Hund dauert sie etwa 15 Tage. Kommt es bei dem letzten Schritt, der Rückbildung des fadenartigen Stranges, zu einer „Hemmung“, entsteht ein Dermoid Sinus. Je früher diese „Störung“ einsetzt, desto „tiefer“ zieht der spätere DS als teils verzweigter Hautschlauch in das Unterhautgewebe bis zum Nackenband und den Dornfortsätzen oder gar bis zu den Wirbelkörpern. Zumeist sind diese in der Tiefe durch einen Strang aus Bindegewebe angeheftet und weisen eine porenähnliche Öffnung an der Hautoberfläche auf, aus der sehr feste dunkle Haare herauswachsen.

Theoretisch kann der DS bis in den Wirbelkanal und zum Rückenmark ziehen, in der Praxis reicht er jedoch schlimmstenfalls bis zur Oberfläche des knöchernen, vollkommen intakten Wirbelkörpers. Das viel beschworene Szenario, ein Dermoid Sinus reiche bis zum Rückenmark, haben wir in unserer Praxiserfahrung bislang nicht festgestellt, was von anderen Kollegen, die regelmäßig DS-Operationen durchführen, bestätigt wird. Trotzdem können diese DS zu schweren Erkrankungen führen.

Symptomatik

Betroffene Tiere sind lange Zeit ohne Symptome, jedoch füllt sich der DS im Laufe der Zeit mit abgestorbenen Hautzellen, Haaren und Talg. Dieses „Material“ kann sich leicht entzünden und ist ein idealer Nährboden für Bakterien, die über die Öffnung von außen einwandern und schwere Infektionen verursachen können. Unbehandelt entsteht ein eitriges Geschwür, das je nach Tiefe des DS als oberflächliches Furunkel oder als tiefe Fistel ausgebildet ist. Reicht der DS bis zum Wirbelkörper, sind schwere, manchmal lebensbedrohliche Infektionen der tiefen Muskulatur, der Wirbelknochen oder des Rückenmarks zu befürchten.

Behandlung durch Operation

Eine frühzeitige operative Entfernung des gesamten DS mit allen Ausläufern stellt die einzige, aber sehr effektive Behandlung dar. Derart operierte „Sinus-Hunde“ sind lebenslang geheilt, neue DS wachsen nicht nach oder, wie oftmals von Unerfahrenen behauptet, entstehen nicht erst nachträglich. Lange bevor der Züchter überhaupt

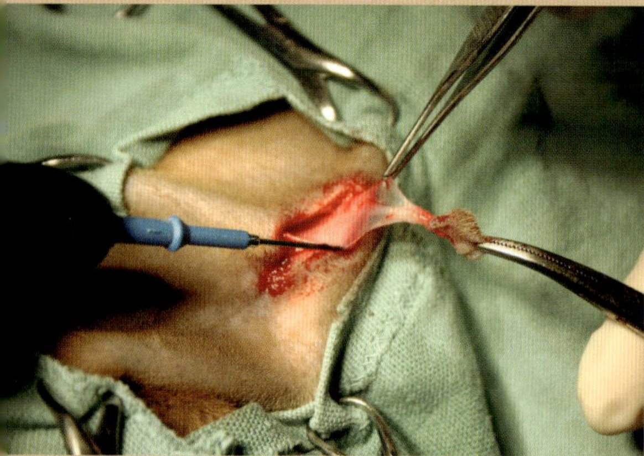

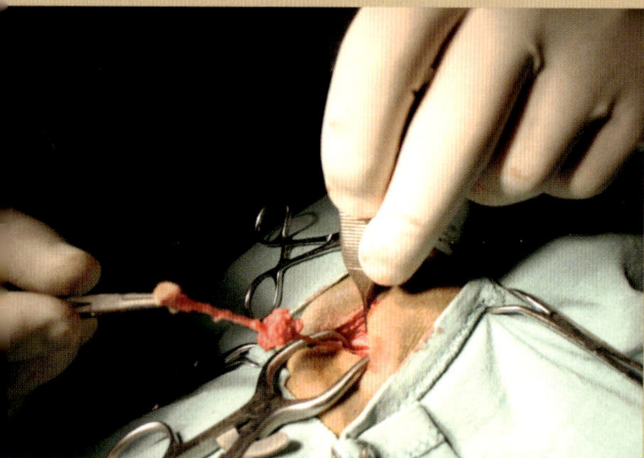

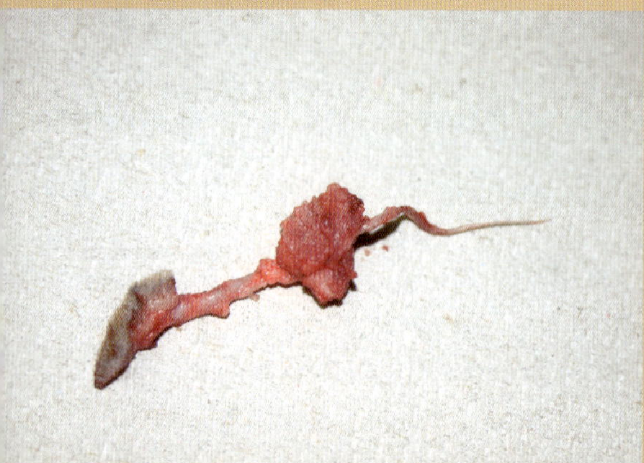

Je früher die Operation des kaum sieben Zentimeter langen Dermoid Sinus durchgeführt wird, desto besser. Sie sollte/muss noch beim Züchter erfolgen. (Fotos: Marcinowski)

weiß, ob seine Hündin tragend ist, ist die DS-Bildung abgeschlossen. Welpen werden entweder mit oder ohne DS geboren.

Genetisch liegt dieser Hemmungsmissbildung vermutlich ein rezessiver autosomaler Erbgang zugrunde, wobei lediglich ein Gen darüber entscheidet, ob ein DS ausgebildet wird oder nicht. Nicht geklärt hingegen ist bislang, nach welchen Mechanismen und genetischen Grundlagen die unterschiedliche Ausprägung, sprich die Anzahl der gefundenen DS, deren Tiefe und Lokalisation, bestimmt wird. Zudem wird eine Kopplung des DS-Gens an die phänotypische Ausbildung eines Ridges vermutet. Die Häufigkeit dieser Missbildung liegt trotz intensiver zuchthygienischer Maßnahmen seit Langem konstant bei etwa zwei bis vier Prozent, auch Rhodesian-Ridgeback-Mischlinge sind gleichermaßen betroffen.

Die Lokalisation der meisten DS ist im Nackenbereich, seltener sind sie am Kopf oder am Schwanzansatz zu finden. Die eigentliche Rute und der Bereich des Ridge selbst scheinen nicht betroffen zu sein. Glücklicherweise ist der Dermoid Sinus in aller Regel von geübten Züchtern und Zuchtwarten leicht und oftmals bereits bei der Geburt zu erkennen.

Zumeist ist die Farbe des Felles im Bereich des DS dunkler und die Sinusöffnung ist als deutliche „Pore“, aus der dunkle Haare herauswachsen, zu erkennen. Die Haut ist in diesem Bereich nicht mehr frei verschiebbar, scheint wie angeheftet und beim Hochziehen bildet sich eine „napfartige Vertiefung“. Je nach Ausbildung beziehungsweise Dicke ist der DS als deutlicher

Jeder VDH gezogene Welpe muss auf Dermoid Sinus überprüft werden. Dies kann das geübte Auge beim „Faltengriff" erkennen. (Foto: Marcinowski)

Strang im Unterhautgewebe zu ertasten. Handelt es sich um einen oberflächlichen DS, reicht dieser nicht in die Tiefe oder ist nicht so stark angeheftet, gestaltet sich die Diagnose manchmal schwierig. Gleiches gilt für einen DS im Ansatzbereich der Rute, wo die Haut naturgemäß sehr straff ist und sich nicht so leicht verschieben lässt. Hin und wieder fehlt dem DS die Öffnung nach außen, in diesen Fällen spricht man von einer Dermoid-Zyste, was das Auffinden besonders erschwert. Erfreulicherweise ist dies eher selten und nur in Ausnahmefällen bleibt ein DS unbemerkt.

In jedem Fall ist der DS ein genetisch bedingter Mangel, der in der Verantwortung des Züchters liegt. Die Kosten für die notwendige Operation sind vom Züchter zu tragen.

Für alle im VDH gezogenen Welpen gilt bei den Vereinen einheitlich die Regel, dass DS-Welpen noch beim Züchter operiert werden müssen und erst nach vollständiger Genesung an die Welpenempfänger abgegeben werden dürfen.

Als besonders vorteilhaft hat sich mittlerweile die frühzeitige operative Entfernung mit sechs bis acht Wochen etabliert, da zu diesem Zeitpunkt der DS zumeist noch nicht entzündet oder infiziert ist. Die eigentliche Operation ist ein relativ kleiner Eingriff und wird erstaunlich gut von den Tieren vertragen. Besonders sorgsam ist auf eine

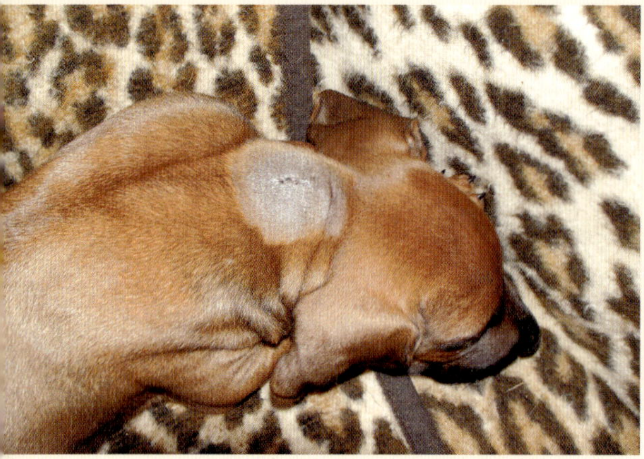

Unmittelbar nach der OP erinnert nur noch ein kleiner Schnitt an den DS. Die Narbe wird später kaum zu sehen sein. (Foto: Obschernicat)

vollständige Entfernung des DS zu achten. Ist dies geschehen, gilt das Tier als lebenslang geheilt, mit späteren Komplikationen ist nicht zu rechnen, und die Lebenserwartung erfolgreich operierter Tiere ist absolut gleich mit der nicht betroffener Hunde.

Selbstverständlich sind derart operierte Tiere von jeder Zucht ausgeschlossen und sind, erfreulich für Welpenkäufer ohne Zuchtambitionen, zumeist für die Hälfte des üblichen Welpenpreises zu erwerben.

Hautprobleme

Generell scheint die Haut unserer Ridgebacks eher empfindlich zu sein. Besonders Jungtiere leiden häufiger unter Infektionen der Haut, die teilweise auch einer Behandlung bedürfen. Regelmäßig werden Dermatomycosen (Hautpilzerkrankungen) und seltener Befall mit Haarbalgmilben als Jungtier-Demodecose mit lokal begrenzten klinischen Symptomen nachgewiesen. Zudem berichten viele Welpen- und Junghundbesitzer von Pusteln, Quaddeln und Hautrötungen, insbesondere nach Aufenthalten im Freien oder Spaziergängen. Dies mag im Zusammenhang mit der besonderen Struktur und dem eher sparsamen Haarkleid des Ridgeback stehen, erklärt jedoch nicht, warum diese Erscheinungen bei erwachsenen Tieren gar nicht oder weniger häufig beobachtet werden. Diese Hautreaktionen bedürfen zumeist keiner Behandlung und verschwinden nach einigen Tagen von selbst. Die Ursachen sind nicht eindeutig geklärt. Vielfach vermutete Futterunverträglichkeiten oder Futterallergien lassen sich bei näherer Betrachtung in den meisten Fällen nicht bestätigen. Gesichert ist jedoch, dass diese Veränderungen zumeist nur im ersten, seltener auch noch im zweiten Lebensjahr und bei Tieren über zwei Jahren gar nicht mehr beobachtet werden. Erst einmal erwachsen, leidet der Ridgeback nur noch selten unter Hautproblemen.

Als Besonderheit beim erwachsenen Ridgeback sei noch die Symmetrical Lupoid Onychodystrophy, kurz SLO oder auch „Krallenverlustsyndrom“ erwähnt. Bei dieser Erkrankung verlieren betroffene Tiere in relativ kurzer Zeit mehrere, manchmal alle Krallen, genauer die aus Horn bestehenden Krallentüten, sodass am knöchernen Krallenbein lediglich die empfindliche Lederhaut zurückbleibt. Eine sehr schmerzhafte Erkrankung, die oft mit massiven bakteriellen Sekundärinfektionen einhergeht. Leider ist das Wissen um diese Erkrankung auch bei Tierärzten eher gering, und häufig werden anders lautende Diagnosen zur Erklärung bemüht. Die Ursachen für diese mysteriöse Erkrankung sind noch weitgehend ungeklärt. Zwar werden autoimmunbedingte Prozesse vermutet, jedoch scheinen Stoffwechselvorgänge, die mit einem Mangel an bestimmten essenziellen Fettsäuren (Omega-3 und -6 Fettsäuren) einhergehen, eine erhebliche Rolle zu spielen. Diese Krankheitssymptome sind schon seit Langem bekannt und einzelne Fälle lassen sich weit in die frühen 90er-Jahre zurückverfolgen. Aber erst in den letzten Jahren erfährt die SLO verstärkte Aufmerksamkeit. Glücklicherweise tritt diese Erkrankung nur sporadisch auf – bislang sind knapp drei Dutzend Fälle beim Rhodesian Ridgeback, angesichts einer vorsichtig geschätzten Population von 8000 bis 10 000 Tieren, bekannt.

Erstaunlicherweise erkranken betroffene Tiere meist nur einmalig und weisen von ihrer Abstammung, soweit bekannt, keine Gemeinsamkeiten der Ahnen auf, sodass die bisherigen Auswertungen keinen Schluss über eine Erblichkeit dieser mysteriösen Erkrankung zulassen.

Der Rhodesian Ridgeback: ein gesundes und robustes Kraftpaket. Hier: Ye Japha Impala. (Foto: Marcinowski)

Gesund und robust

Trotz allem ist der Rhodesian Ridgeback bis dato als recht gesunder und robuster Hund zu bezeichnen. Der besondere Fokus auf das Kapitel Gesundheit spiegelt sicher nicht die Wertigkeit für die Rasse wieder, sondern ist eher mit meiner eigenen Tätigkeit als Tierarzt zu erklären. Auch in unserer Praxis sind die meisten Rhodesian Ridgebacks eher seltene Gäste, die wir lediglich zu Routineuntersuchungen und Impfungen zu Gesicht bekommen.

Anhang

Adressen

Verband für das Deutsche Hundewesen e. V. (VDH)
Postfach 10 41 54
Westfalendamm 174 • 44041 Dortmund
Tel.: 0231-565000 • Fax: 0231-592440
info@vdh.de • www.VDH.de

Deutsche Züchtergemeinschaft Rhodesian Ridgeback e.V. (DZRR)
Geschäftsstelle
Gerda Cimander
Jacob-Panzer-Straße 5 • D-97469 Gochsheim
Tel.: 09721-6469666 • Fax: 09721-6469664
Geschaeftsstelle@DZRR.de • www.DZRR.de

Club zur Erhaltung der Laufhunde des Südlichen Afrika e. V. (ELSA)
Geschäftsstelle
Monika Cramer-Haar
Sonnenhalde 46 • D-72138 Kirchentellinsfurt
Tel.: 07121-908745 • Fax: 07121-908746
elsa@aliko-karama.de • www.club-elsa.de

Rhodesian Ridgeback Club Deutschland e. V. (RRCD)
Geschäftsstelle
Michaela Behr
Schieferweg 39a • D-42659 Solingen
Tel: 0212-549675
MLemy69@aol.com • www.RRCD.de

Rhodesian Ridgeback Club Österreich (RRCÖ)
Geschäftsstelle
Katharina Pani
Etzelgasse 11 • A-3423 Zeiselmauer
Tel: +43(0)2242-70627
katharina.pani@aon.at
www.rhodesian-ridgeback.at

Rhodesian Ridgeback Club Schweiz
Geschäftsstelle
Diana Blank
Pfisternweg 3 • CH-6340 Baar
Tel: +41(0)79-3067023
info@rhodesianridgeback.ch
www.rhodesianridgeback.ch

Danke

Dieses Buch ist allen gewidmet, die sich für den Rhodesian Ridgeback als Hund begeistern und sich für den Erhalt der Rasse einsetzen. Besonderer Dank gilt Klaus Möller und Mike Marcinowoski, die als Fotografen einen großen Teil der Bilder zu diesem Buch beigetragen haben.

Autor

Peter Obschernicat ist niedergelassener Tierarzt in Fronhausen an der Lahn und unter dem Zwingernamen „Ye Japha" als Züchter aktiv in der Deutschen Züchtergemeinschaft Rhodesian Ridgeback (DZRR/VDH). Der begeisterte Rhodesian-Ridgeback-Halter stellt seine Hunde erfolgreich aus und beschäftigt sich neben einer wohlüberlegten Zucht auch eingehend mit der Gesundheit von Rhodesian Ridgebacks.
Peter Obschernicat ist Autor des Buches „Rhodesian Ridgeback", das bereits im Cadmos Verlag in der Reihe „Hundewissen" erschienen ist.

(Foto: Möller)

CADMOS HUNDEBÜCHER

Peter Obschernicat

RHODESIAN RIDGEBACK

Um wohl kaum eine Hunderasse ranken sich so viele Mythen und Legenden wie um den Rhodesian Ridgeback. Löwentöter, Sklavenjäger und Bewacher wertvoller Diamanten soll er gewesen sein, um nur einige zu nennen. Doch was ist dran an diesen Geschichten? Fragen, die der Ridgeback-Kenner und -Züchter Peter Obschernicat in seinem etwas anderen Rasseporträt beantwortet. Wunderschöne Fotos, die zum großen Teil in Afrika entstanden sind, vervollständigen das umfassende Bild, das Peter Obschernicat von diesen faszinierenden Hunden vermittelt.

128 Seiten, farbig, gebunden
ISBN 978-3-86127-806-1

Silke Böhm

ROHFÜTTERUNG FÜR HUNDE

Frischfleischfütterung ist artgerecht und gesund. Die Autorin erklärt vom Einkauf bis zur Zubereitung praxisnah, wie man diese gesunde, preiswerte und artgerechte Form der Ernährung für seinen Hund umsetzen kann.

96 Seiten, farbig, broschiert
ISBN 978-3-86127-742-2

Kerstin Mielke

DIE ANATOMIE DES HUNDES

In diesem Buch finden Sie alle wichtigen Informationen über den Körperbau, die Funktion des Bewegungsapparates, innere Organe, Nervensystem und Sinnesorgane beim Hund. Detaillierte Zeichnungen veranschaulichen ergänzend die anatomischen Gegebenheiten.

96 Seiten, farbig, gebunden
ISBN 978-3-86127-793-4

Dr. B. Rauth-Widmann

SITZ, PLATZ UND FUß

Egal wie groß oder klein ein Hund ist, eine gewisse „Grundausbildung" sollte jeder erhalten, denn in der heutigen Gesellschaft ist es sehr wichtig, einen wohlerzogenen Hund an seiner Seite zu wissen. Wie man seinem Hund - ob Welpe oder schon ausgewachsen - spielerisch die wichtigsten Lektionen beibringt und wie man ihn richtig motiviert, damit er mit Freude bei der Sache ist, wird in diesem praktischen Ratgeber nachvollziehbar beschrieben.

32 Seiten, farbig, broschiert
ISBN 978-3-86127-657-9

Werner Biereth

FÄHRTENARBEIT - SPURENSUCHE MIT DEM HUND

Die Nase ist das am höchsten entwick te Sinnesorgan des Hundes. Daher ka jeder Hund mit der Nase suchen und e ne Fährte verfolgen. Die Fährtenarbeit ist somit eine artgerechte Beschäftigungsmöglichkeit, welche die Hunde nicht nur körperlich, sondern vor allen auch geistig fordert. Die Fährtenarbeit gehört außerdem zur Ausbildung der Gebrauchshunde und ist eine Disziplin bei der Vielseitigkeitsprüfung.

80 Seiten, farbig, broschiert
ISBN 978-3-86127-732-3

Cadmos Verlag GmbH · Möllner Straße 47 · 21493 Schwarzenbek
Tel. 04151-87 90 7-0 · Fax 04151-87 90 7-12
Besuchen Sie uns im Internet: **www.cadmos.de**

CADMOS